돈 버는

재개발 재건축 세금 노하우!

TAXNET
세무/회계 전문 재경비즈니스 포털 서비스

똑똑한 재개발 재건축 절세법

공인회계사 **이윤실** 지음

조세통람

최근 몇 년 사이 주택에 대한 양도소득세 관련 세법이 너무 자주 바뀌다 보니 세법 적용에 있어서 전문가들마저 헷갈려 한다. 심지어 양포세(양도세를 포기한 세무사)라는 신조어까지 나왔다. 특히 재개발 및 재건축사업과 관련된 비과세 판단과 세금 계산은 가장 어려운 분야다. 이번에 이윤실 저자가 집필한 〈똑똑한 재개발 재건축 절세법〉은 일반인들도 이해하기 쉽게 쓰였다. 사례 중심으로 도표를 활용하였으며 누구나 의문을 가질 수 있는 사항은 문답식으로 보충설명까지 곁들여 가독성을 높였다. 비과세 관련 규정은 물론 세금 계산까지 모두 수록되어 있어서 전문가들도 실무교재로 사용해도 손색이 없겠다.

안수남 세무사

세무법인 다솔 대표

이 책은 저자가 일반인들은 물론이고 전문가들도 어려워하는 재개발 재건축 관련 세제를 쉽게 이해할 수 있도록 풀어쓴 책이다. 저자가 실무에서 쌓은 경험을 바탕으로 편하게 읽을 수 있도록 써 내려간 노력이 엿보인다. 많은 독자들의 재개발 재건축 관련 궁금증이 이 책을 통하여 해소될 것으로 기대하면서 이 책을 강력하게 추천한다.

오문성 교수

한양여대 세무회계과 교수, 한국조세정책학회 회장, 한국납세자연합회 회장

재개발 재건축 관련 세법은 세법 중에서도 가장 어려운 분야다. 이 책은 그 어려운 내용을 한 번에 알 수 있게 아주 쉽게 쓴 책이다. 회계사, 세무사뿐만 아니라 재개발 재건축에 관심이 있는 분들에게 이 책을 권한다.

이철재 회계사

한국공인회계사회 국세연구위원장, 〈세법강의〉 저자

양도소득세는 세무전문가도 어려워하는 분야이다. 더군다나 재개발 재건축과 관련한 양도소득세는 어렵고 복잡한데 사례를 통해 알기 쉽게 풀어 설명한다. 최고 부동산 전문가로서 실무적인 감각과 내공이 쌓인 저자가 심혈을 기울여 썼다. 재개발 재건축 관련 양도소득세 문제를 잘 설명한 필독서로 세무전문가와 실무자들에게 추천한다.

박광현 회계사

한국지방세협회 명예회장, 한국공인회계사회 지방세연구위원장

재개발 재건축 관련 절세를 위한 필독서

작년까지 주택가격이 급등하면서 여러 규제가 생겼습니다. 다주택자가 주택을 취득하면 주택수에 따라 최대 12%로 취득세가 중과되고, 다주택자에 대해 종부세율이 인상되고 공정시장가액비율도 인상되면서 종부세 부담도 급증했습니다. 또한 얼마 전까지 다주택자가 조정대상지역의 주택을 팔면 양도세가 중과되었고, 일시적 2주택 기간도 신규주택 취득 당시 종전주택과 신규주택 모두 조정대상지역에 위치할 경우 1년으로 단축되었습니다.

이러한 규제를 적절히 피하면서 투자수익도 얻을 수 있는 방법이 재개발 재건축이 진행 중이거나 예정되어 있는 물건에 투자하는 것입니다. 재개발 재건축 관련 물건에 투자해서 수익도 창출하고 더불어 재개발 재건축 관련 각종 세금특례를 활용해서 세금부담도 줄일 수 있다면 금상첨화일 텐데요.

사실, 부동산 세금과 관련하여 가장 어려운 분야가 재개발 재건축 관련 세금입니다. 우선 「도시 및 주거환경정비법」이나 「빈집 및 소규모주택 정비에 관한 특례법」과 관련된 용어가 많아 일반인들의 이해가 쉽지 않고, '조합원입주권'의 성격과 '환지'의 개념을 잘 모르면 이해가 안되는 규정이 많으며, 원칙적으로 양도세 비과세가 적용되지 않지만 일정 요건을 갖춘 경우 비과세를 적용해 주는 특례도 많습니다. 이런 이유로 일반 투자자뿐만 아니라 세무대리인, 세무공무원들도 재개발 재건축 관련 세금을 어려워합니다.

재개발 재건축 관련 세금의 내용이 어렵다고 공부를 포기하면 그만큼 세금을 추가적으로 부담해야 합니다. 제가 강의 중에 농담으로 "세금 공부를 게을리하면 그만큼 나중에 현금으로 세금을 부담해야 한다"고 이야기하곤 하는데요. 문제는 재개발 재건축 관련 세금을 공부하고 싶어도 일반 투자자들이 들을 수 있는 강의도 부족하고, 쉽게 설명한 책도 거의 없는 실정입니다.

그런 면에서 이윤실 회계사님이 쓴 〈똑똑한 재개발 재건축 절세법〉은 재개발 재건축 관련 각종 세법 규정과 조세특례를 공부하려는 투자자 및 세무대리인들에게는 좋은 안내서가 될 것으로 보입니다.

기본적으로 세금 관련 내용은 딱딱하기 마련인데 이윤실 회계사님의 〈똑똑한 재개발 재건축 절세법〉은 투자자가 묻고 세무대리인이 설명해주는 문답식 형태를 취하고 있어서 이해도 쉽고 접근하기도 편하게 되어 있습니다. 또한 어려운 주제와 내용은 표와 그림으로 설명해 주어서 지루하지도 않고 눈에도 잘 들어옵니다.

추천사

개인적으로 재개발 재건축 세금에서 가장 중요한 부분이 '조합원입주권의 성격'과 '각종 비과세 특례'라고 생각하는데요. 이 책에는 조합원입주권의 성격과 재개발 재건축 관련 비과세 특례가 사례와 함께 이해하기 쉽게 설명되어 있어서 부동산 세금을 잘 모르는 초보자더라도 반복해서 보면 이해가 잘 될 것으로 보입니다.

투자수익이 아무리 많이 났더라도 절세방안을 마련해 두지 않았다면 결국 나에게 귀속되는 수익은 얼마 되지 않습니다. 부동산 투자를 잘 하려면 운과 노력이 따라 주어야 하지만, 세후수익을 극대화하려면 운보다는 세금 공부, 즉 노력이 필수입니다.

그리고 세금 공부를 잘 하려면 좋은 교재 선택이 우선되어야 합니다. 그런 면에서 〈똑똑한 재개발 재건축 절세법〉은 재개발 재건축의 기초부터 각종 세금특례까지 전반적으로 공부할 수 있는 좋은 지침서가 될 것입니다. 아무쪼록 재개발 재건축 투자자들이 이 책을 통해 재개발 재건축 관련 세금을 제대로 이해하고, 보다 성공적인 절세플랜을 짜서 세후수익을 극대화할 수 있기를 진심으로 응원합니다.

미네르바올빼미

부동산 세금 인플루언서, 전 국세청 기획재정부 근무

프롤로그

새집에서 살고 싶다. 가능하면 접근성이 좋고, 인프라가 풍족한 도심의 새 아파트에서 살고 싶다. 하지만, 청약시장은 그야말로 하늘의 별 따기가 되었다. 또한, 지난 정부에서 신규 아파트의 공급은 줄었고, 대출은 묶였고, 세금은 늘어나 새 아파트에서 살 수 있는 기회는 더 줄어들었다.

하지만, 지켜볼 대목은 전 정부의 부동산 정책을 실패로 규정한 새 정부가 들어서며 향후 5년간 도심을 중심으로 공급이 늘어날 것이라는 기대감이다. 아니 도심을 중심으로 새 아파트를 공급해야만 한다. 이에 "앞으로 10년은 재개발과 재건축 시대가 될 것이다"라고 부동산 전문가들은 입을 모아 이야기하고 있다.

지금까지 재개발 재건축 시장은 새 아파트로 다시 짓기까지 상당한 시간이 걸린다는 문제와 복잡한 인허가 과정 속에 실패할 위험 요인이 많았기에 일부 투자자들만 접근해 왔던 것이 사실이다. 하지만 도심의 주택은 낡았다. 재개발과 재건축이 아니라면 도심지에서 새로운 주택을 공급하기는 어려운 시대적 환경이 되었다. 도심의 주택에서 사는 사람이라면 이제는 누구나 재개발 재건축 조합원이 될 수 있는 상황이 된 것이다.

하지만, 일반인들에게 재개발 재건축은 아직도 낯설고, 재개발 재건축에 대한 세금은 세무전문가들마저도 어렵다. 과거 주택을 사고팔았다 하면서 1세대 1주택 비과세를 쉽게 적용받던 시대는 오래전 지나갔다. "세금을 모르면 부동산 투자를 하지 말라"는 말이 일반인들에게도 불문율이 되었다. 세금을 해결하지 않고서는 원하는 수익을 얻을 수가 없다.

다시 말하지만, 부동산 세금은 어렵다. 그것도 아주 어렵다. 어렵기에 잘못 적용하면 세금폭탄이 될 수도, 잘 찾아서 적용하면 큰 절세를 할 수도 있다. 긴 시간 부동산 세무상담을 하면서 꽤 많은 사람들이 세금분야에 대해서는 관심이 부족하다는 사실을 알게 되었다. 또한, 자신의 피와 땀을 갈아 넣어 어렵게 형성한 재산을 세법을 잘 몰라서, 세법을 잘 못 적용해서 수익의 대부분을 세금으로 내야 하는 상황에 잠도 제대로 못 자는 분들의 안타까운 상황도 많이 보았다.

하지만, 누구나 피해갈 수 없는 것이 세금이라면 세금을 통제 가능한 것으로 만들어야 한다. 그리고 경험상 세금이라는 것은 조금만 관심을 기울인다면 통제 가능한 변수가 될 수 있다.

재개발 재건축 시장에서 세금을 통제 가능한 변수로 만들기 위해 이 책이 실질적인 도움이 될 수 있다는 확신에서 이 책을 쓰게 되었다. 그리고, 재개발 재건축에 대한 세금 문제를 법 조문으로 이해하려면 한계가 있기에, 유사 사례로 이해하는 게 최선이라 생각했다. 그래서 이 책에서는 재개발 재건축에 관한 세금을 사례를 들어 집중적으로 다루었다.

"좀 있는 놈은 탈세, 이래저래 죽어나는 것은 날세"라는 세금에 관한 유머가 있다. 고의적인 탈세가 아니더라도 세법을 모르면 이래저래 죽어나는 것은 내 자신이 될 수 있다. 법이라는 것은 법 위에 잠든 자(몰라서 잘못을 저지른 자)를 보호하지 않기 때문이다. 따라서, 이 책을 읽는 독자라면 최소한 "날세"를 내는 불운은 피할 수 있을 것이다.

그리고, "저도 해당되나요?"라는 질문 속에 "누구나 쉽게 접근할 수 있는 절세"에 대한 힌트를 얻을 수 있을 것이다.

2022년 9월

공인회계사 **이윤실**

차례

Part I

조합원입주권, 다 같은 입주권 아닙니다.

Part

II

조합원입주권 가지고 있어도 보유주택 비과세 받을 수 있습니다.

차례

Part
Ⅲ
재개발, 재건축 관련된 다양한 세무 이슈를 사례별로 알아볼까요?

Part

Ⅳ

조정대상지역에서도 세금 감면을 받을 수 있습니다.

똑똑한 재개발 재건축 절세법

Part

I

조합원입주권, 다 같은 입주권 아닙니다.

01

조합원입주권, 다 같은 입주권 아닙니다.

조합원입주권이란 무엇일까요?

조합원입주권이란, 조합원이 부동산을 취득할 수 있는 권리를 말하는데, 조합원이 가지는 입주권이라 해도 세법상 다 같은 조합원입주권이 아니라는 것을 아실까요?

정비사업은 「도시 및 주거환경정비법」, 「빈집 및 소규모주택 정비에 관한 특례법」, 「주택법」, 「건축물의 분양에 관한 법률」 등 다양한 법률에 근거하여 진행되고 있는데요.

조합원입주권이라는 것은 어떤 것을 말하고, 조합원입주권을 가지고 있는 경우 세금에 어떤 영향을 미치게 될까요?

사례 서울 강남에 소재하고 있는 아파트에 거주하고 있던 43세 나성실씨. 해당 아파트가 2022.5.30. 「도시 및 주거환경 정비법」에 따른 재건축에 대한 관리처분계획인가가 나면서 세금에 대해 궁금해졌습니다.

나성실 회계사님, 저는 재건축조합의 조합원인데요. 2022.5.30. 관리처분계획인가를 득했다고 합니다. 관리처분계획인가를 득하면 주택이 아닌 조합원입주권이라고 부르던데 조합원입주권이란 무엇인가요?

회계사 네, 조합원입주권이라는 것은 세법에서 사용하는 용어인데요. 세법상 조합원입주권은 아래와 같이 「도시 및 주거환경정비법」에 따른 재건축사업 또는 재개발사업, 「빈집 및 소규모주택 정비에 관한 특례법」에 따른 자율주택정비사업, 가로주택정비사업, 소규모재건축사업 또는 소규모재개발사업을 시행하는 정비사업조합의 조합원(주민합의체를 구성하는 경우 토지등소유자를 말함)으로서 취득한 것과 그 조합원으로부터 취득한 것만 조합원입주권이라 합니다(「소득세법」 제88조 제9호).

사업의 종류	소득세법상 조합원입주권	근거법령
재건축사업	O	「도시 및 주거환경정비법」
재개발사업	O	
주거환경개선사업	X	
소규모재건축사업	O	「빈집 및 소규모주택정비에 관한 특례법」
소규모재개발사업	O	
가로주택정비사업	O	
자율주택정비사업	O	
지역(직장)주택사업	X	「주택법」
건축법상 재건축사업	X	「건축물의 분양에 관한 법률」

나성실 그렇군요. 그렇다면 저는 「도시 및 주거환경정비법」에 따른 재건축사업의 조합원이니 조합원입주권이 맞네요. 그럼, 주거환경개선사업 또는 지역주택사업, 직장주택사업의 조합원도 주택을 받을 수 있는데 세법상 조합원입주권이 아니라고 하면 무엇이라고 해야 하나요?

회계사 네, 세법상 조합원입주권이 아니라면 분양권에 해당하는지 살펴보아야 하는데요.

세법상 분양권이란, 아래의 법률에 따른 주택에 대한 공급계약을 통하여 주택을 공급받는 자로 선정된 지위(해당 지위를 매매 또는 증여 등의 방법으로 취득한 것을 포함)를 말합니다(「소득세법 시행령」 제152조의 4).

1. 「건축물의 분양에 관한 법률」
2. 「공공주택 특별법」
3. 「도시개발법」
4. 「도시 및 주거환경정비법」
5. 「빈집 및 소규모주택 정비에 관한 특례법」
6. 「산업입지 및 개발에 관한 법률」
7. 「주택법」
8. 「택지개발촉진법」

따라서, 문의하신 「도시 및 주거환경정비법」에 따른 주거환경개선사업과 「주택법」에 따른 지역주택사업 또는 직장주택사업으로 인하여 주택을 취득할 수 있는 권리는 세법상 분양권에 해당합니다.

다만, 이때도 유의하여야 할 것은 주택이 아닌 오피스텔이나 상가 분양권의 경우에는 주택에 대한 공급계약을 통하여 주택을 공급받는 자로 선정된 지위가 아니므로 세법상으로는 분양권이 아닌 그 외 부동산을 취득할 수 있는 권리에 해당한다는 것입니다.

▣ 서면-2021-법규재산-0586, 2022.1.27.

「건축법 시행령」 별표1 제14호 나목 2)에 따른 오피스텔을 공급받는 자로 선정된 지위는 「소득세법」 제88조 제10호에 따른 분양권에 해당하지 아니하는 것임.

나성실 그렇군요. 같은 조합원이지만 세법상 주택을 취득할 수 있는 권리는 사업의 종류에 따라 조합원 입주권 또는 분양권으로 보고, 상가나 오피스텔을 취득할 수 있는 권리는 그 외 부동산을 취득할 수 있는 권리로 보는군요. 너무 어렵네요. 이렇게 다르게 보는 이유가 있나요?

회계사 네, 있습니다. 조합원입주권인지 분양권인지, 또는 그 외 부동신을 취득할 수 있는 권리인지에 따라 해당 권리를 양도할 때 양도소득세를 계산하는 방법이 다른데요.

먼저 적용되는 세율이 다릅니다.

조합원입주권은 그 보유기간에 따라 보유기간이 1년 미만이면 70%를, 1년 이상 2년 미만인 경우 60%, 2년 이상인 경우 기본세율을 적용받습니다.

하지만, 분양권은 1년 미만이면 70%, 1년 이상인 경우에는 60%를 적용받고요.

그 외 부동산을 취득할 수 있는 권리는 1년 미만이면 50%, 1년 이상 2년 미만인 경우에는 40%, 2년 이상인 경우에는 기본세율을 적용받는다는 것입니다.

구 분	1년 미만	1년 이상 ~ 2년 미만	2년 이상
조합원입주권	70%	60%	기본세율
분양권	70%	60%	
부동산을 취득할 수 있는 권리	50%	40%	기본세율

또 다른 것은 장기보유특별공제인데요.

조합원입주권은 관리처분계획인가일 전에 주택을 취득하고, 그 취득일로부터 관리처분계획인가일까지 해당 주택 보유기간이 3년 이상인 경우에 그 보유기간에 따라 장기보유특별공제를 적용받을 수 있습니다(아래 [표1]과 [표2] 참고).

하지만, 분양권이나 그 외 부동산을 취득할 수 있는 권리는 장기보유특별공제를 적용받을 수 없다는 것입니다.

[표1] 일반적인 경우 장기보유특별공제율

보유기간	3년 이상 4년 미만	4년 이상 5년 미만	5년 이상 6년 미만	6년 이상 7년 미만	7년 이상 8년 미만	8년 이상 9년 미만	9년 이상 10년 미만	10년 이상 11년 미만	11년 이상 12년 미만	12년 이상 13년 미만	13년 이상 14년 미만	14년 이상 15년 미만	15년 이상
공제율	6%	8%	10%	12%	14%	16%	18%	20%	22%	24%	26%	28%	30%

[표2] 1세대 1주택 장기보유특별공제율

: 보유기간에 해당하는 공제율과 거주기간에 해당하는 공제율을 합산하여 장기보유특별공제율을 계산함. 예를 들어, 보유기간이 6년(24%)이고 거주기간이 4년(16%)인 경우, 40%의 장기보유특별공제율을 적용함

구분		3년 이상 4년 미만	4년 이상 5년 미만	5년 이상 6년 미만	6년 이상 7년 미만	7년 이상 8년 미만	8년 이상 9년 미만	9년 이상 10년 미만	10년 이상
공제율	보유기간	12%	16%	20%	24%	28%	32%	36%	40%
	거주기간	12(8*)%	16%	20%	24%	28%	32%	36%	40%

* 보유기간이 3년 이상(12%)이고 거주기간이 2년 이상 3년 미만(8%)인 경우 20% 적용

마지막으로 다른 것은, 주택수 포함여부인데요.

2021.1.1. 이후 취득한 분양권의 경우 다른 주택의 비과세 및 중과 여부를 판단할 때 주택수에 포함합니다.

하지만, 그 외 부동산을 취득할 수 있는 권리는 주택수에 포함하지 않습니다.

조합원입주권은 관리처분계획인가 또는 사업시행계획인가 시기에 따라 주택수 포함 여부가 달라지므로 유의깊게 살펴보아야 하는데요.

재개발사업 및 재건축사업은 2006.1.1. 이후 관리처분계획인가받은 분부터, 소규모재건축사업은 2018.2.9. 이후 사업시행계획인가받은 분부터, 소규모재개발사업, 가로주택정비사업, 자율주택정비사업은 2022.1.1. 이후 사업시행계획인가받은 분부터 주택수에 포함되니 해당 시기를 잘 살펴보기 바랍니다.

구 분		비과세 및 중과여부 판단시
조합원 입주권	재개발사업	포함 (2006.1.1. 이후 관리처분계획인가분부터)
	재건축사업	
	소규모재건축사업	포함 (2018.2.9. 이후 사업시행계획인가분부터)
	소규모재개발사업	포함 (2022.1.1. 이후 사업시행계획인가분부터)
	가로주택정비사업	
	자율주택정비사업	
분양권		포함 (2021.1.1. 이후 취득분부터)
그 외 부동산을 취득할 수 있는 권리		포함하지 아니함

핵·심·포·인·트

세법상 조합원입주권, 분양권, 그 외 부동산을 취득할 수 있는 권리의 구분

조합원입주권	분양권	그 외 부동산을 취득할 수 있는 권리
• 「도시 및 주거환경정비법」에 따른 재건축사업 또는 재개발사업, 「빈집 및 소규모주택 정비에 관한 특례법」에 따른 자율주택정비사업, 가로주택정비사업, 소규모재건축사업 또는 소규모재개발사업을 시행하는 정비사업조합의 조합원(주민합의체를 구성하는 경우 토지등소유자를 말함)으로서 취득한 것과 그 조합원으로부터 취득한 것	• 「건축물의 분양에 관한 법률」, 「공공주택 특별법」, 「도시개발법」, 「도시 및 주거환경정비법」, 「빈집 및 소규모주택 정비에 관한 특례법」「산업입지 및 개발에 관한 법률」, 「주택법」, 「택지개발촉진법」에 따른 주택에 대한 공급계약을 통하여 주택을 공급받는 자로 선정된 지위(해당 지위를 매매 또는 증여 등의 방법으로 취득한 것을 포함)	• 조합원입주권 또는 분양권이 아닌 것

양도소득세 계산시 조합원입주권, 분양권, 그 외 부동산을 취득할 수 있는 권리의 다른 점

구 분	조합원입주권			분양권		그 외 부동산을 취득할 수 있는 권리		
세율	1년 미만	1년 이상 2년 미만	2년 이상	1년 미만	1년 이상	1년 미만	1년 이상 2년 미만	2년 이상
	70%	60%	기본 세율	70%	60%	50%	40%	기본 세율

구 분	조합원입주권	분양권	그 외 부동산을 취득할 수 있는 권리
장기 보유 특별 공제	○	×	×
주택수 포함	○ 조합원입주권의 주택수 포함시기 참고	○ 2021.1.1. 이후 취득분부터	×

조합원입주권의 주택수 포함시기

<table>
<tr><th colspan="2">구 분</th><th>비과세 및 중과여부 판단시</th></tr>
<tr><td rowspan="6">조합원
입주권</td><td>재개발사업</td><td rowspan="2">포함
(2006.1.1. 이후 관리처분계획인가분부터)</td></tr>
<tr><td>재건축사업</td></tr>
<tr><td>소규모재건축사업</td><td>포함
(2018.2.9. 이후 사업시행계획인가분부터)</td></tr>
<tr><td>소규모재개발사업</td><td rowspan="3">포함
(2022.1.1. 이후 사업시행계획인가분부터)</td></tr>
<tr><td>가로주택정비사업</td></tr>
<tr><td>자율주택정비사업</td></tr>
<tr><td colspan="2">분양권</td><td>포함
(2021.1.1. 이후 취득분부터)</td></tr>
<tr><td colspan="2">부동산을 취득할 수
있는 권리</td><td>포함하지 아니함</td></tr>
</table>

02

조합원입주권, 권리인데도 비과세 받을 수 있습니다.

양도소득세는 개인이 자산을 양도할 때 발생한 이익에 대하여 세금을 내는 것인데요.

자산을 양도한다고 해서 모든 자산을 양도할 때 세금을 내는 것이 아니라, 소득세법에서 열거하고 있는 자산을 양도할 때만 세금을 냅니다.

소득세법에서 열거하고 있는 양도소득세 과세대상 자산은 총 6가지인데요.

① 토지 또는 건물

② 부동산에 관한 권리

③ 주식 등

④ 기타자산(사업용고정자산과 함께 양도하는 영업권, 회원권 등)

⑤ 파생상품 등

⑥ 신탁수익권

이렇게 6가지로 구분하는 이유는 과세대상 자산별 특성에 따라 양도소득세를 부과하는 체계가 다르기 때문입니다.

재개발 재건축 주택의 경우, 아래에서 보는 바와 같이

① 취득일~관리처분계획인가일 : 종전주택으로

② 관리처분계획인가일~신축건물의 준공일 : 조합원입주권(권리)으로

③ 신축건물의 준공일 이후 : 신축주택으로

시기에 따라 성격이 변하고 그 변하는 성격에 따라 양도소득세를 부과하는 체계가 달라져 양도소득세 계산이 어려운데요.

【부동산에서 조합원입주권으로의 전환과정】(「소득세법」 집행기준 89-156의 2-5)

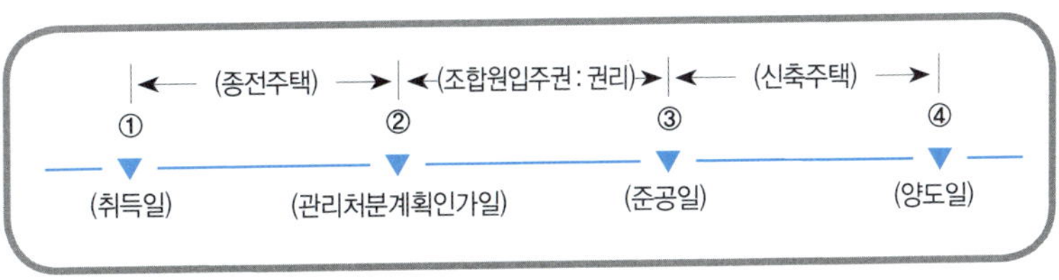

주택과 부동산을 취득할 수 있는 권리(조합원입주권과 분양권 포함)에 있어 양도소득세를 부과하는 체계가 달라지는 것 중에 가장

큰 차이는 비과세인데요, 주택은 비과세를 적용받을 수 있지만, 부동산을 취득할 수 있는 권리는 원칙적으로 비과세를 적용받지 못합니다.

하지만, 예외적으로 부동산에 관한 권리 중 조합원입주권의 경우 비과세를 적용받을 수 있는 경우가 있는데요, 비과세를 적용받을 수 있는 경우란 어떤 경우인지 사례를 통해 구체적으로 살펴보도록 하겠습니다.

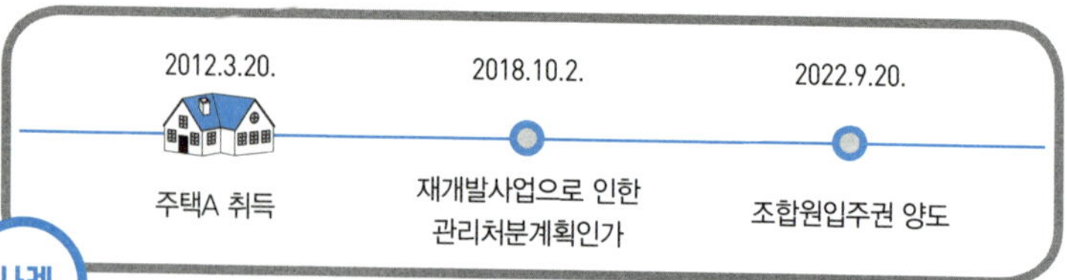

사례

경기도 성남시에 살고 있는 58세 나성실씨.

2012.3.20. 성남 소재 주택A(주택 부수토지의 면적은 건물 바닥면적의 3배 이내임)를 취득하였고, 해당 주택은 재개발 사업 진행으로 인해 2018.10.2. 관리처분계획인가를 받았습니다. 조합원입주권은 현재 8억 원에 거래되고 있다고 하는데요.

나성실씨가 2022.9.20. 조합원입주권을 8억 원에 양도하는 경우 양도소득세는 얼마나 나올까요?

나성실 회계사님, 저는 조합원입주권을 처분하려고 하는데요. 조합원입주권은 주택이 아니니까 비과세받을 수 없겠죠?

회계사 아니요, 비과세받을 수 있습니다.

나성실 네, 정말요? 조합원입주권도 비과세받을 수 있다고요?

회계사 네, 조합원입주권도 비과세받을 수 있습니다.

과거에는 조합원입주권은 주택을 취득할 수 있는 권리이지 주택이 아니었기 때문에 1세대 1주택 비과세 규정을 적용해 주지 않았었는데요.

대법원은 1세대 1주택 비과세 규정의 취지는 1세대가 국내에 소유하는 1개의 주택을 양도하는 것이 양도소득을 얻거나 투기를 할 목적으로 볼 수 없는 일정한 사유가 있는 경우 양도소득세를 비과세함으로써 국민의 주거생활의 안정과 거주이전의 자유를 보장하여 주는 데 있으므로, 이러한 법의 취지에 따라 조합원도 관리처분계획에 따라 조합원입주권을 취득하여 양도한 경우 권리의 양도가 아닌 1주택의 양도로 간주하여야 한다고 판시한 바,

「소득세법」에서도 조합원입주권은 권리이지만 일정요건을 충족하는 경우, 1999.1.1.부터 비과세하도록 하는 특례를 별도로 규정하였습니다.

나성실 아 그렇군요. 그럼, 저도 비과세받을 수 있을까요?

회계사 네, 그렇습니다. 재개발 조합원입주권으로서 비과세받을 수 있는 요건은 4가지인데요(「소득세법」 제89조 제1항 제4호 가목).

① 양도일 현재 거주자인 1세대가 국내에 조합원입주권 1개만을 보유하고 있어야 합니다.

② 조합원입주권은 「도시 및 주거환경정비법」에 따른 재건축사업 또는 재개발사업, 「빈집 및 소규모주택 정비에 관한 특례법」에 따른 자율주택정비사업, 가로주택정비사업, 소규모재건축사업 또는 소규모재개발사업을 시행하는 정비사업조합의 조합원(주민합의체를 구성하는 경우 토지등소유자를 말함)으로서 취득한 것이어야 합니다.

③ 조합원입주권은 「도시 및 주거환경정비법」에 따른 관리처분계획의 인가일 및 「빈집 및 소규모주택 정비에 관한 특례법」에 따른 사업시행계획인가일(인가일 전에 기존주택이 철거되는 때에는 기존주택의 철거일) 현재 기존주택이 아래와 같이 비과세되는 1주택의 요건을 충족하여야 합니다.

가. 2년 이상 보유한 주택(2017.8.3. 이후 취득한 주택으로서 취득 당시 조정대상지역에 있는 주택의 경우 해당 주택의 보유기간이 2년 이상이고 그 보유기간 중 거주기간이 2년 이상이어야 함)이어야 합니다.

나. 주택의 부수토지는 건물이 정착된 면적에 아래의 배율을 곱한 면적 이내 토지여야만 합니다.

구분		주택부수토지
도시지역	수도권 내 토지 중 주거지역 · 상업지역 · 공업지역 내 토지	3배
	수도권 내 토지 중 녹지지역의 토지	5배
	수도권 밖의 토지	
도시지역 외 지역의 토지		10배

④ 해당 조합원입주권의 양도 당시의 실지거래가액의 합계액이 12억 원 이하여야 합니다.

선생님의 경우에는

① 양도일 현재 국내에 조합원입주권 1개만을 보유하고 있고,

② 조합원입주권은 「도시 및 주거환경정비법」에 따른 재개발사업을 시행하는 정비사업조합의 조합원으로서 취득한 것이며,

③ 기존주택은 2012.3.20. 취득한 주택으로서 관리처분계획인가일인 2018.10.2. 현재 2년 이상 보유하고 있었으며, 주택의 부수토지는 도시지역 중 수도권이므로 건물정착면적의 3배 이내로 비과세되는 1주택의 요건을 충족하고 있고,

④ 조합원입주권을 8억 원에 양도한다면 실지거래가액이 12억 원 이하이므로

위에서 말한 요건을 모두 충족하고 있어 비과세 받을 수 있습니다.

나성실 그런데, 회계사님, 궁금한 것이 있는데요. 관리처분계획인가일에 주택A만 있었던 것이 아니라 주택B도 있었을 경우에도 비과세 받을 수 있을까요?

회계사 네, 세법에서는 양도일 현재 조합원입주권 1개만 보유하고 있으면 되고, 관리처분계획인가일 현재 1주택만 보유하고 있어야 하는 것은 아니라고 해석하고 있습니다(기획재정부 재산세제과-394, 2010.4.28.).

▣ 기획재정부 재산세제과-394, 2010.4.28.

관리처분계획의 인가일 현재 2주택을 보유한 경우 그 양도하는 조합원입주권에 해당하는 기존주택이 관리처분계획의 인가일 현재 비과세 요건을 충족하면 1세대 1주택 특례를 적용받을 수 있음.

즉, 양도일 현재 조합원입주권 1개만 보유하고 있고, 그 조합원입주권이 관리처분계획인가일 현재 비과세되는 1주택의 요건을 충족하면 됩니다.

핵·심·포·인·트

조합원입주권 양도할 때 비과세 요건

① 양도일 현재 거주자인 1세대가 국내에 조합원입주권 1개만을 보유할 것

② 조합원입주권은 「도시 및 주거환경정비법」에 따른 재건축사업 또는 재개발사업, 「빈집 및 소규모주택 정비에 관한 특례법」에 따른 자율주택정비사업, 가로주택정비사업, 소규모재건축사업 또는 소규모재개발사업을 시행하는 정비사업조합의 조합원(주민합의체를 구성하는 경우 토지등소유자를 말함)으로서 취득한 것일 것

③ 조합원입주권은 「도시 및 주거환경정비법」에 따른 관리처분계획의 인가일 및 「빈집 및 소규모주택 정비에 관한 특례법」에 따른 사업시행계획인가일(인가일 전에 기존주택이 철거되는 때에는 기존주택의 철거일) 현재 기존주택이 아래의 비과세되는 1주택의 요건을 충족할 것

가. 2년 이상 보유한 주택(2017.8.3. 이후 취득한 주택으로서 취득당시 조정대상지역에 있는 주택의 경우 해당 주택의 보유기간이 2년 이상이고 그 보유기간 중 거주기간이 2년 이상이어야 함)일 것

나. 주택의 부수토지는 건물이 정착된 면적의 도시지역 중 수도권은 3배, 수도권 밖은 5배, 도시지역 밖은 10배 이내 토지일 것

④ 해당 조합원입주권의 양도당시의 실지거래가액의 합계액이 12억원 이하일 것

양도할 당시 조합원입주권 1개이나 관리처분계획의 인가일 현재 2주택을 보유한 경우 비과세 판단

관리처분계획의 인가일 현재 2주택을 보유한 경우 그 양도하는 조합원입주권에 해당하는 기존주택이 관리처분계획의 인가일 현재 비과세 요건을 충족하면 1세대 1주택 특례를 적용받을 수 있음(기획재정부 재산세제과-394, 2010.4.28.).

03

조합원입주권, 관리처분계획인가일 현재 주택으로 2년 보유하지 못했어도 비과세 받을 수 있습니다.

"조합원입주권"이란, 재개발 재건축사업등의 조합원이 기존 집을 허물고 지어지는 새 집에 입주할 수 있는 권리인데요.

「소득세법」에서는 일정한 요건을 갖춘 조합원입주권에 대해서는 주택으로 보아 1세대 1주택 양도소득세 비과세특례를 적용해 주고 있습니다.

「소득세법」상 이러한 비과세 특례를 적용받을 수 있는 "조합원입주권"이란 아래와 같이 재개발, 재건축, 자율주택정비사업, 가로주택정비사업, 소규모재건축사업, 소규모재개발사업의 조합원입주권(그 조합원으로부터 취득한 것 포함)으로 한정하고 있습니다(「소득세법」 제88조 제9호).

① 「도시 및 주거환경정비법」에 따른 재건축사업의 관리처분계획의 인가로 인하여 취득한 입주권

② 「도시 및 주거환경정비법」에 따른 재개발사업의 관리처분계획의 인가로 인하여 취득한 입주권

③ 「빈집 및 소규모주택 정비에 관한 특례법」에 따른 자율주택정비사업, 가로주택정비사업, 소규모재건축사업, 소규모재개발사업의 사업시행계획인가로 인하여 취득한 입주권

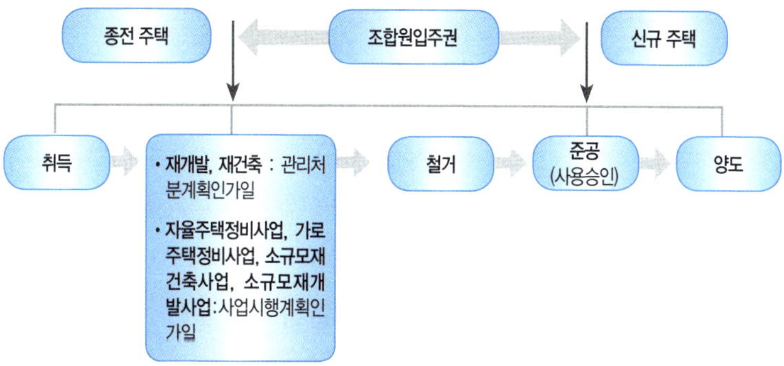

그렇다면 조합원입주권이 주택으로서 1세대 1주택 비과세 특례를 어떻게 적용받을 수 있는지 알아보도록 하겠습니다.

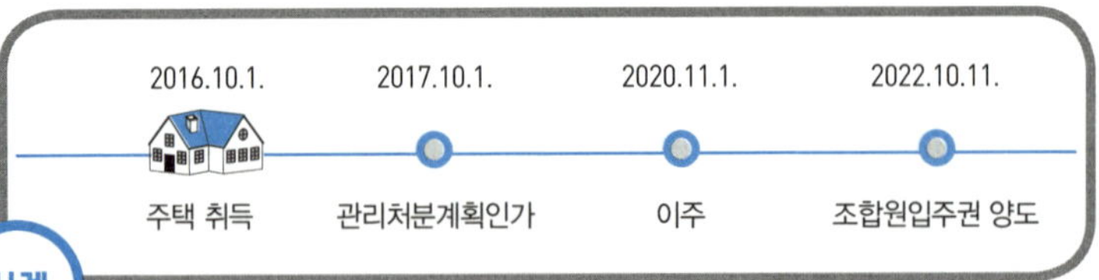

사례

서울 마포 재개발입주권 1개만을 소유하고 있는 40대 나성실씨.

가족이 소유하고 있는 다른 주택은 없습니다.

나성실씨는 기존 주택을 2016.10.1. 3억 원에 취득 및 보유하고 있다가 2017.10.1. 재개발 관리처분계획인가를 받았습니다. 관리처분계획인가시 기존 주택 평가액은 5억 원이었습니다.

세입자는 2020.11.1. 이주하였고 동일자 단전 및 단수하였습니다.

현재까지 청산금은 5천만 원 납부하였습니다.

나성실씨는 2022. 10. 11. 재개발입주권을 양도하고자 하는데요. 매각 예상가는 8억 5천만 원입니다. 비과세 받을 수 있을까요?

나성실 회계사님, 재개발입주권도 주택처럼 비과세 받을 수 있다는데 비과세 받으려면 어떤 요건이 충족되어야 하나요?

회계사 네, 재개발 조합원입주권으로서 비과세 받을 수 있는 요건은 4가지를 모두 충족해야 하는데요(「소득세법」 제89조 제1항 제4호 가목).

① 양도일 현재 거주자인 1세대가 국내에 조합원입주권 1개만을 보유하고 있어야 합니다.

② 조합원입주권은 「도시 및 주거환경정비법」에 따른 재건축사업 또는 재개발사업, 「빈집 및 소규모주택 정비에 관한 특례법」에 따른 자율주택정비사업, 가로주택정비사업, 소규모재건축사업 또는 소규모재개발사업을 시행하는 정비사업조합의 조합원(주민합의체를 구성하는 경우 토지등소유자를 말함)으로서 취득한 것이어야 합니다.

③ 조합원입주권은 「도시 및 주거환경정비법」에 따른 관리처분계획의 인가일 및 「빈집 및 소규모주택 정비에 관한 특례법」에 따른 사업시행계획인가일(인가일 전에 기존주택이 철거되는 때에는 기존주택의 철거일) 현재 기존주택이 아래와 같이 비과세되는 1주택의 요건을 충족하여야 합니다.

가. 2년 이상 보유한 주택(2017.8.3. 이후 취득한 주택으로서 취득당시 조정대상지역에 있는 주택의 경우 해당 주택의 보유기간이 2년 이상이고 그 보유기간 중 거주기간이 2년 이상이어야 함)이어야 합니다.

나. 주택의 부수토지는 건물이 정착된 면적의 도시지역 중 수도권은 3배, 수도권 밖은 5배, 도시지역 밖은 10배 이내 토지여야만 합니다.

④ 해당 조합원입주권의 양도 당시의 실지거래가액의 합계액이 12억 원 이하여야 합니다.

나성실 회계사님, 저는 회계사님이 알려주신 요건 중 다른 요건은 모두 해당되는데요. 한 가지, 관리처분계획인가일 현재 기존주택의 보유기간이 1년으로(2016.10.1.~2017.10.1.) 2년 이상 보유한 주택의 요건을 충족시키지 못하고 있네요. 그렇다면 비과세 받지 못할까요? 어떡하죠?

회계사 네, 법 문언상으로는 관리처분계획인가일 현재 2년 이상 보유한 주택이라고 명시하고 있어 원칙적으로 비과세되지 않습니다.

하지만, 세법에서는 실질에 따라 과세를 하겠다는 원칙에 따라 조합원입주권의 비과세 판단시 주택으로서의 보유기간을 취득일부터 관리처분계획인가일까지가 아닌 취득일부터 실제 주택으로 사용한 날까지를 보유기간으로 해석하고 있습니다.

즉, 관리처분계획인가일 이후에도 주택이 철거되지 않고 사실상 주거용으로 사용하고 있는 경우에는 이를 주택으로 본 다수의 해석들이 존재합니다.

(부동산납세과-242, 2014.4.10., 부동산거래관리과-232, 2012.4.23., 부동산거래관리과-41, 2010.1.4., 서면인터넷방문상담4팀-2766, 2007.9.20.)

▣ 부동산납세과-242(2014.04.10.)

「소득세법 시행령」 제155조 제17항에 따른 조합원입주권 특례 규정을 적용할 때 관리처분계획의 인가일 이후에도 철거되지 아니한 건물이 사실상 주거용으로 사용되고 있는 경우에는 이를 주택으로 보아 보유기간을 계산하는 것임.

▣ 부동산거래관리과-232, 2012.04.23.

「소득세법 시행령」 제155조 제17항에 따른 조합원입주권 비과세 특례와 관련하여 기존주택의 보유기간을 계산할 때 「도시 및 주거환경정비법」에 따른 관리처분계획의 인가일 이후에는 철거되지 않은 건물이 사실상 주거용으로 사용되고 있는 경우에만 이를 주택으로 보아 보유기간을 계산하는 것입니다.

▣ 부동산거래관리과-41, 2010.01.14.

「소득세법 시행령」 제155조 제17항에 따른 조합원입주권 비과세 특례와 관련하여 기존주택의 보유기간 및 거주기간을 계산함에 있어 입주권이 확정되는 날 이후에도 철거되지 않고 사실상 주거용으로 사용하는 경우에는 이를 주택으로 보아 보유기간 및 거주기간에 합산하는 것입니다. 한편, 위 조합원입주권 양도일 현재 1주택을 소유한 경우로서 당해 1주택을 취득한 날부터 2년 이내에 조합원입주권을 양도하는 경우 위 특례가 적용되는 것입니다.

▣ 서면인터넷방문상담4팀-2766, 2007.09.20 .

「도시 및 주거환경정비법」에 의한 주택재건축사업을 시행하는 정비사업조합의 조합원(관리처분인가일 또는 그 전에 기존주택이 철거되는 때에는 기존주택의 철거일 현재 1세대 1주택의 비과세에 해당하는 기존주택을 소유하는 자)이 당해 조합을 통하여 취득한 입주자로 선정된 지위를 양도하는 경우로서 양도일 현재 다른 주택이 없는 경우에는 「소득세법시행령」 제155조 제17항의 규정에 의거 양도소득세가 비과세되는 것이며, 이때 입주권이 확정되는 날 이후에도 철거되지 않고 사실상 주거용으로 사용하는 경우에는 이를 주택으로 보아 보유기간 및 거주기간에 합산하는 것임.

핵·심·포·인·트

관리처분계획인가일 현재 해당 주택의 보유기간이 2년 미만인 주택의 비과세 판단

관리처분계획의 인가일 이후에도 철거되지 아니한 건물이 사실상 주거용으로 사용되고 있는 경우에는 이를 주택으로 보아 보유기간을 계산하고 있음(부동산납세과-242, 2014.4.10. 외)

04

1+1 조합원입주권, 먼저 양도한 1개의 조합원입주권 비과세 받을 수 있을까요?

「도시 및 주거환경정비법」 제76조 제1항 제7호 라목에 따르면 조합원은 그 주택의 사업시행계획인가 고시가 있은 날을 기준으로 한 가격 또는 그 주택의 전용면적 범위에서 2주택을 분양받을 수 있는데요.

1+1 재건축이라고 불리는 이 규정은 1~2인 가구의 증가에 따라 소형주택의 공급을 늘리고 주택경기 활성화를 도모하려는 목적으로 2013년 신설되었습니다. 이때, 추가로 받게 되는 1채는 전용 60㎡ 이하의 소형이어야 하고, 60㎡ 이하로 공급받은 1주택은 이전고시일 다음 날부터 3년이 지나기 전에는 전매(상속의 경우는 제외)가 금지되고 있습니다.

그렇다면 재개발사업으로 인해 1+1의 조합원입주권을 받은 경우, 1세대 1주택 비과세는 어떻게 적용되는지 알아보도록 하겠습니다.

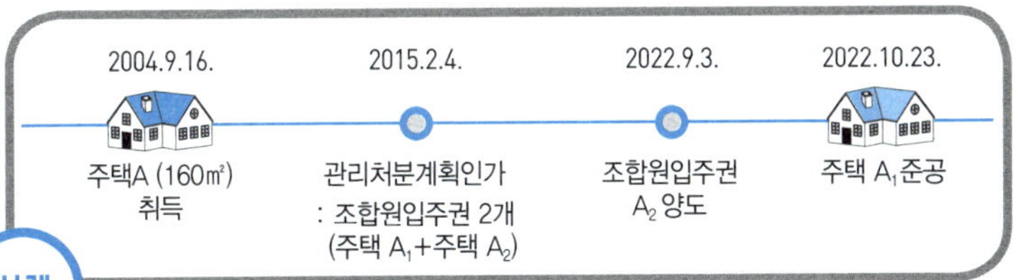

사례

서울 용산구에 살고 있는 60세 나성실씨.

2015.2.4. 주택A(160㎡)의 「도시 및 주거환경정비법」상 재개발사업에 따른 관리처분계획인가로 조합원입주권 2개(주택 A_1(59㎡)+주택A_2(84㎡))를 취득하였습니다. A주택의 취득일은 2004.9.16.이며 재개발아파트의 준공예정일은 2022.10.23. 입니다.

나성실씨는 전매제한이 걸린 주택A_1(59㎡)에는 거주할 계획을 가지고 있으며, 주택A_2(84㎡)에 대한 조합원입주권은 8억 5천만 원에 양도하려고 합니다.

나성실씨는 양도하는 조합원입주권에 대해 비과세를 받을 수 있을까요?

나성실 회계사님, 저는 주택A_2의 조합원입주권을 양도하려고 하는데요. 양도소득세 내야겠죠?

회계사 네, 그렇습니다. 「도시 및 주거환경정비법」에 따른 주택재개발 또는 주택재건축사업이 진행되는 경우, 종전부동산은 관리처분계획인가일을 기준으로 "부동산"에서 "조합원입주권"으로 변환되고, 당해 재개발 또는 재건축사업이 완료되면 준공일에 "조합원입주권"은 다시 "부동산"으로 변환되는데요.

준공일 전에 양도하는 경우에는 조합원입주권을 양도한 것으로 보아 양도소득세가 과세됩니다.

나성실 회계사님, 그런데 저는 원래 주택 1개만 보유하고 있었으니까 이로 인해 받은 입주권은 1세대 1주택으로 비과세되어야 하지 않을까요?

회계사 네, 그렇게 생각할 수 있는데요, 결론부터 말씀드리면 선생님은 조합원입주권을 2개 받았기 때문에 먼저 양도하는 1개의 조합원입주권은 비과세를 받을 수 없습니다.

조합원입주권을 비과세 받기 위해서는 4가지 요건을 모두 충족해야 하는데요(참고 : 「소득세법」 제89조 제1항 제4호 가목).

① 양도일 현재 거주자인 1세대가 국내에 조합원입주권 1개만을 보유하고 있어야 합니다.

② 조합원입주권은 「도시 및 주거환경정비법」에 따른 재건축사업 또는 재개발사업, 「빈집 및 소규모주택 정비에 관한 특례법」에 따른 자율주택정비사업, 가로주택정비사업, 소규모재건축사업 또는 소규모재개발사업을 시행하는 정비사업조합의 조합원(주민합의체를 구성하는 경우 토지등소유자를 말함)으로서 취득한 것이어야 합니다.

③ 조합원입주권은 「도시 및 주거환경정비법」에 따른 관리처분계획의 인가일 및 「빈집 및 소규모주택 정비에 관한 특례법」에 따른 사업시행계획인가일(인가일 전에 기존주택이 철거되는 때에는 기존주택의 철거일) 현재 기존주택이 아래와 같이 비과세되는 1주택의 요건을 충족하여야 합니다.

가. 2년 이상 보유한 주택(2017.8.3. 이후 취득한 주택으로서 취득 당시 조정대상지역에 있는 주택의 경우 해당 주택의 보유기간이 2년 이상이고 그 보유기간 중 거주기간이 2년 이상이어야 함)이어야 합니다.

나. 주택의 부수토지는 건물이 정착된 면적의 도시지역 중 수도권은 3배, 수도권 밖은 5배, 도시지역 밖은 10배 이내 토지여야만 합니다.

④ 해당 조합원입주권의 양도 당시의 실지거래가액의 합계액이 12억 원 이하여야 합니다.

선생님의 경우, 양도일 현재 조합원입주권을 1개가 아닌 2개를 보유하고 있으므로 먼저 양도하는 1개의 조합원입주권은 비과세를 적용받지 못하고 과세가 됩니다(참고 : 서면-2019-부동산-0737, 2019.10.31.).

▣ 서면-2019-부동산-0737, 2019.10.31.

1세대1주택으로 보는 조합원입주권은 같은 법 제4호의 각 목 요건을 충족하는 경우를 말하는 것으로, 조합원입주권을 2개 이상 소유한 상태에서 양도하는 1개의 조합원입주권은 1세대 1주택으로 보는 조합원입주권에 해당하지 않는 것임

핵·심·포·인·트

1+1 조합원입주권의 비과세 판단

조합원입주권을 2개 이상 소유한 상태에서 양도하는 1개의 조합원입주권은 1세대 1주택으로 보는 조합원입주권에 해당하지 않는 것임(서면-2019-부동산-0737, 2019.10.31.)

05

주택과 조합원입주권을 보유한 1세대가 조합원입주권을 양도해도 비과세 받을 수 있습니다.

조합원입주권은 주택을 취득할 수 있는 권리일 뿐 주택이 아니기 때문에 원칙적으로는 비과세를 받을 수 없는데요.

조합원입주권 특례에 따라 조합원입주권을 양도해도 비과세를 받을 수 있는 경우가 있습니다.

조합원입주권을 양도해도 비과세를 적용받을 수 있는 경우란 어떤 경우인지 사례를 통해 구체적으로 살펴보도록 하겠습니다.

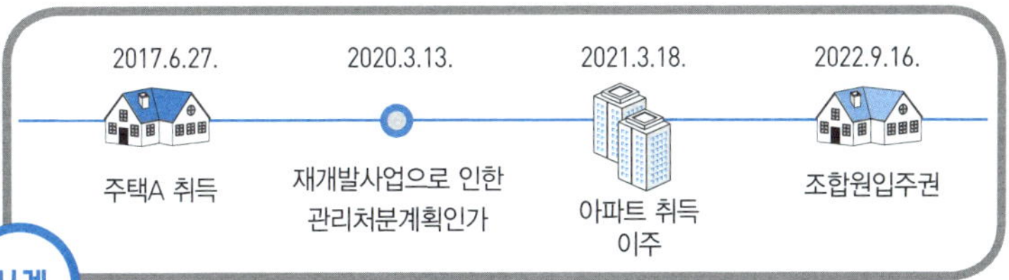

사례

43세 나성실씨.

2017.6.27. 경기도 성남 소재 다가구주택(주택 부수토지의 면적은 건물 바닥면적의 3배 이내임)을 5억 원에 취득하여 가족과 함께 거주하다가 2020.3.13. 재개발사업으로 인한 관리처분계획인가가 승인되어 2021.2.15.부터 이주가 시작된 바, 나성실씨는 2021.3.18. 서울 송파구에 있는 아파트를 취득하여 가족들과 함께 이주하였습니다.

나성실씨는 2022.9.16. 경기도 성남 소재 조합원입주권을 11억 원에 양도하려 하며, 성남 소재 조합원입주권과 서울 송파구 소재 주택 외 다른 조합원입주권 또는 분양권은 보유하고 있지 않습니다.

나성실씨가 납부해야 하는 양도소득세는 얼마일까요?

나성실 회계사님, 최근 부동산가격이 많이 올라서 제가 가지고 있는 조합원입주권을 정리하려고 하는데요. 세금이 얼마나 나올까요?

회계사 잠깐만 볼까요? 보니까 선생님은 세금을 안 내셔도 됩니다.

나성실 네, 세금을 안 내도 된다고요? 그게 가능한가요?

회계사 네, 그렇습니다. 선생님은 비과세를 받을 수 있기 때문에 세금을 내지 않아도 됩니다.

나성실 그래요? 제가 팔고자 하는 것은 조합원입주권인데 비과세를 받을 수 있나요? 비과세는 주택만 해당되는 것으로 알고 있었습니다.

회계사 네, 조합원입주권은 주택을 취득할 수 있는 권리일 뿐 주택이 아니기 때문에 원칙적으로는 비과세를 받을 수 없는데요. 조합원입주권 특례에 따라 일정요건을 충족하는 조합원입주권은 양도할 때 비과세를 받을 수 있습니다.

나성실 그런 내용이 있다고요? 비과세를 받을 수 있는 요건이란 어떤 요건인가요?

회계사 조합원입주권 1개와 주택 1채를 보유하고 있는 경우에, 조합원입주권을 비과세 받기 위해서는 5가지 요건을 모두 충족해야 하는데요(참고 : 「소득세법」 제89조 제1항 제4호 나목).

① 양도일 현재 거주자인 1세대가 국내에 조합원입주권 1개와 1주택만을 보유하고 있어야 하며, 분양권을 보유하고 있지 않아야 합니다.

② 조합원입주권은 「도시 및 주거환경정비법」에 따른 재건축사업 또는 재개발사업, 「빈집 및 소규모주택 정비에 관한 특례법」에 따른 자율주택정비사업, 가로주택정비사업, 소규모재건축사업 또는 소규모재개발사업을 시행하는 정비사업조합의 조합원(주민합의체를 구성하는 경우 토지등소유자를 말함)으

로서 취득한 것이어야 합니다.

③ 조합원입주권은 「도시 및 주거환경정비법」에 따른 관리처분계획의 인가일 및 「빈집 및 소규모주택 정비에 관한 특례법」에 따른 사업시행계획인가일(인가일 전에 기존주택이 철거되는 때에는 기존주택의 철거일) 현재 기존주택이 아래와 같이 비과세되는 1주택의 요건을 충족하여야 합니다.

가. 2년 이상 보유한 주택(2017.8.3. 이후 취득한 주택으로서 취득 당시 조정대상지역에 있는 주택의 경우 해당 주택의 보유기간이 2년 이상이고 그 보유기간 중 거주기간이 2년 이상이어야 함)이어야 합니다.

나. 주택의 부수토지는 건물이 정착된 면적에 아래의 배율을 곱한 면적 이내 토지여야만 합니다.

구분		주택부수토지
도시지역	수도권 내 토지 중 주거지역 · 상업지역 · 공업지역 내 토지	3배
	수도권 내 토지 중 녹지지역의 토지	5배
	수도권 밖의 토지	
도시지역 외 지역의 토지		10배

④ 해당 1주택을 취득한 날부터 3년 이내에 해당 조합원입주권을 양도해야 합니다.

⑤ 해당 조합원입주권의 양도 당시의 실지거래가액의 합계액이 12억 원 이하여야 합니다.

선생님의 경우에는

① 양도일 현재 국내에 조합원입주권 1개와 1주택만을 보유하고 있으며, 분양권은 보유하고 있지 않고,

② 조합원입주권은 「도시 및 주거환경정비법」에 따른 재개발사업을 시행하는 정비사업조합의 조합원으로서 취득한 것이며,

③ 기존주택은 2017.6.27. 취득한 주택으로서 관리처분계획인가일인 2020.3.13. 현재 2년 이상 보유하고 있었으며, 주택의 부수토지는 도시지역 중 수도권이므로 건물정착면적의 3배 이내로 비과세되는 1주택의 요건을 충족하고 있고,

④ 1주택은 2021.3.18. 취득하였고 취득한 날부터 3년 이내인 2022.9.16.에 조합원입주권을 양도하고자 하며,

⑤ 조합원입주권의 양도가액이 11억 원으로 12억 원 이하이기 때문에 위에서 말한 요건을 모두 충족하고 있으므로,

비과세 받을 수 있습니다.

핵·심·포·인·트

조합원입주권 1개와 주택 1채를 보유하고 있는 경우, 조합원입주권을 양도할 때 비과세 요건

① 양도일 현재 거주자인 1세대가 국내에 조합원입주권 1개와 1주택만을 보유하고 있어야 하며, 분양권을 보유하고 있지 않을 것

② 조합원입주권은 「도시 및 주거환경정비법」에 따른 재건축사업 또는 재개발사업, 「빈집 및 소규모주택 정비에 관한 특례법」에 따른 자율주택정비사업, 가로주택정비사업, 소규모재건축사업 또는 소규모재개발사업을 시행하는 정비사업조합의 조합원(주민합의체를 구성하는 경우 토지등소유자를 말함)으로서 취득한 것일 것

③ 조합원입주권은 「도시 및 주거환경정비법」에 따른 관리처분계획의 인가일 및 「빈집 및 소규모주택 정비에 관한 특례법」에 따른 사업시행계획인가일(인가일 전에 기존주택이 철거되는 때에는 기존주택의 철거일) 현재 기존주택이 아래의 비과세되는 1주택의 요건을 충족할 것

가. 2년 이상 보유한 주택(2017.8.3. 이후 취득한 주택으로서 취득 당시 조정대상지역에 있는 주택의 경우 해당 주택의 보유기간이 2년 이상이고 그 보유기간 중 거주기간이 2년 이상이어야 함)일 것

나. 주택의 부수토지는 건물이 정착된 면적의 도시지역 중 수도권은 3배, 수도권 밖은 5배, 도시지역 밖은 10배 이내 토지일 것

④ 해당 1주택을 취득한 날부터 3년 이내에 해당 조합원입주권을 양도할 것

⑤ 해당 조합원입주권의 양도 당시의 실지거래가액의 합계액이 12억 원 이하일 것

06

주택과 조합원입주권을 보유한 1세대가 주택을 양도해도 비과세되는 경우 있습니다.

1세대가 일반주택과 조합원입주권을 각각 보유하다가 일반주택을 양도하는 경우에는 양도소득세가 과세되는데요.

이때의 조합원입주권이란, 「도시 및 주거환경정비법」에 따른 재건축사업 또는 재개발사업의 관리처분계획의 인가 및 「빈집 및 소규모주택 정비에 관한 특례법」에 따른 자율주택정비사업, 가로주택정비사업, 소규모재건축사업 또는 소규모재개발사업의 사업시행인가로 인하여 정비사업조합의 조합원으로서 취득한 것(그 조합원으로부터 취득한 것을 포함한다)을 말합니다(「소득세법」 제88조 제9호).

조합원입주권은 주택을 취득할 수 있는 권리일 뿐 주택은 아닙니다.

하지만, 「소득세법」에서는 1세대 1주택 비과세와 다주택자 중과 규정을 적용할 때에는 조합원입주권을 주택수 계산에 포함하고 있는데요.

즉, 조합원입주권은 주택은 아니지만, 주택수 계산시 주택수에 포함한다는 것입니다.

따라서, 1세대가 일반주택과 조합원입주권을 각각 보유하다가 일반주택을 양도하는 경우, 조합원입주권은 주택수에 포함되므로 양도시 1세대 2주택자가 되어 1세대 1주택자로서 비과세를 적용받을 수 없는데요.

하지만, 예외적으로 조합원입주권을 보유하고 있지만 일반주택을 양도해도 비과세를 적용받을 수 있는 경우가 있는데, 비과세를 적용받을 수 있는 경우란 어떤 경우인지 사례를 통해 구체적으로 살펴보도록 하겠습니다.

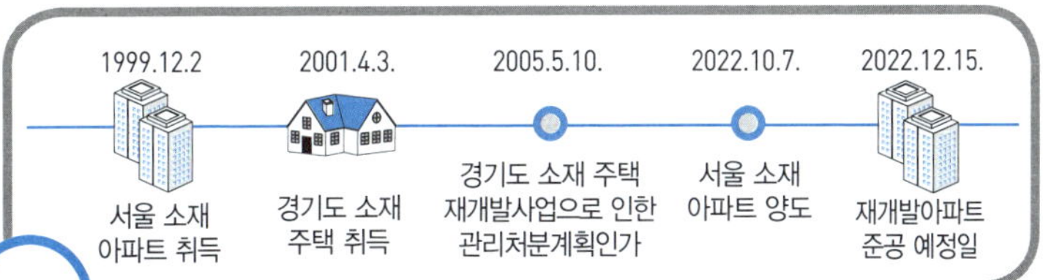

사례

60세 나성실씨.

1999.12.2. 서울에 있는 아파트를 2억 5천만 원에 취득하여 현재까지 거주하고 있습니다.

또한, 나성실씨는 경기도에 2001.4.3. 취득하여 2005.5.10. 관리처분계획인가를 받은 재개발아파트의 입주권을 가지고 있으며, 그 외 조합원입주권과 분양권은 보유하고 있지 않습니다.

해당 재개발아파트의 준공일 및 입주예정일은 2022.12.15. 입니다.

나성실씨는 2022.10.7. 서울에 거주하고 있는 아파트를 8억 5천만 원에 양도하려고 하는데요. 양도소득세가 많이 나올 것 같아 걱정입니다. 세금은 과연 얼마나 나올까요?

나성실 회계사님, 요즘 서울에 있는 아파트를 팔기만 하면 세금이 많이 나온다면서요? 저도 아파트가 많이 올라서 6억 원 정도 이익이 났는데요, 양도하면 반 이상이 세금이라고 하던데 저도 3억 원 정도는 세금으로 내야 하나요?

회계사 아닙니다. 선생님은 세금을 안 내셔도 됩니다.

나성실 네? 친구도 집을 팔면서 세금을 엄청 냈다고 하던데요, 어떻게 세금을 한 푼도 안 낼 수 있죠? 괜히 나중에 세금만 더 내라고 세무서에서 연락오는 것은 아닐까요?

회계사 아닙니다. 선생님의 경우 세금을 안 내는 것이 가능합니다.

나성실 정말요? 어떻게 그럴 수 있죠?

회계사 네, 제가 살펴보니 선생님이 보유하고 계신 재개발 아파트에 대한 입주권은 2005.5.10. 관리처분계획인가를 받았기 때문입니다.

세법상 조합원입주권은 i) 2006.1.1. 이후 최초로 「도시 및 주거환경정비법」에 따른 주택재개발사업 또는 주택재건축사업의 관리처분계획이 인가되었거나, ii) 2006.1.1. 전에 「도시 및 주거환경정비법」에 따른 주택재개발사업 또는 주택재건축사업의 관리처분계획이 인가되어 취득된 입주자로 선정된 지위를 2006.1.1. 이후에 매매·상속등으로 인하여 승계취득한 경우에 주택수에 포함하도록 하고 있는데요(참고 : 「소득세법」 법률 제7837호(2005.12.31.), 부칙 제12조).

조합원입주권은 주택을 취득할 수 있는 권리이지 주택이 아닙니다. 그럼에도 불구하고 조합원입주권을 주택수에 포함시키는 이유는 조합원입주권이 주택이 아니다 보니 사람들이 보유하고 있는 주택에 대한 비과세 혜택을 유지하기 위해서 주택 자체보다는 재개발 또는 재건축 아파트의 입주권을 폭발적으로 사들였기 때문에, 정부는 이에 대한 투기수요를 억제하기 위해서 2006.1.1. 이후부터 조합원입주권도 주택수에 포함하도록 세법을 개정하였기 때문입니다.

그런데 세법을 개정했다고 해도 개정 전에 취득한 입주권에 대해서까지 소급해서 적용할 수는 없는 것이지요. 따라서 세법이 개정되어 시행되기 전, 즉 2006.1.1. 이전 관리처분계획이 인가된 입주권을 원조합원이 가지고 있는 경우에는 이를 주택수에 포함하지 않는 것입니다.

참고적으로, 관리처분계획인가일은 「도시 및 주거환경정비법」에 따른 조합원입주권의 권리가 확정된 날로서 지방자치단체의 공보에 고시한 날을 말합니다(「소득세법」 집행기준 89-156의 2-1).

▣ 「소득세법」 집행기준 89-156의 2-1 【사업시행인가일이 2005.12.31. 이전이고 관리처분계획인가일이 2006.1.1. 이후인 경우 조합원입주권 해당여부】

1세대가 1주택과 「도시 및 주거환경정비법」에 따른 조합원입주권을 보유하다 주택을 양도하는 경우 재건축주택의 사업시행인가일이 2005.12.31. 이전이고 관리처분계획인가일이 2006.1.1. 이후인 경우 해당 조합원입주권은 「소득세법」 제89조 제2항의 조합원입주권에 해당된다.

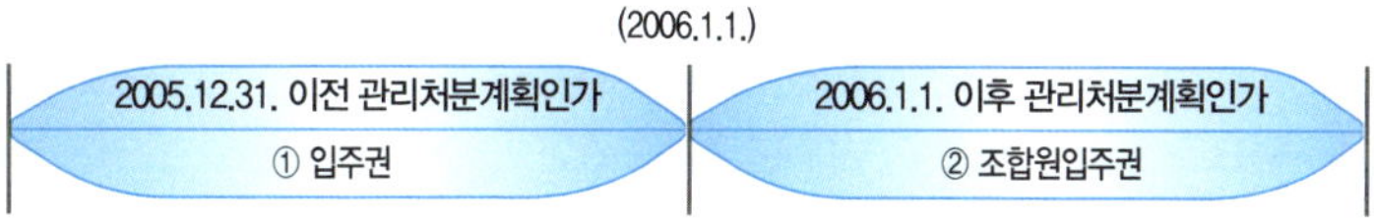

구 분	① 입주권	② 조합원입주권
1세대1주택 비과세 판정시 주택수	제외	포함
다주택 중과시 주택수	제외	포함

선생님의 경우, 2005.5.10. 재개발 관리처분계획인가를 받은 원조합원이 가지고 있는 입주권이기 때문에, 해당 입주권은 소득세법상 주택수에 포함되는 조합원입주권이 아닙니다.

따라서, 선생님은 양도 당시 1주택자이고 서울 소재 아파트는 1주택 비과세 요건(12억 원 이하, 2년 보유)을 충족하고 있기 때문에 비과세되어 세금을 내실 필요가 없는 것입니다(서면인터넷방문상담5팀-2112, 2007.7.23., 서면인터넷방문상담4팀-1735, 2006.6.15., 서면4팀-53, 2006.1.12.).

▣ 서면인터넷방문상담5팀-2112, 2007.07.23

2주택을 소유하다 1주택이 입주권으로 전환(2005.1.1. 이전 관리처분 인가됨)된 경우 재건축 또는 재개발 주택의 완성 전에 기존 주택을 양도하는 경우 1주택으로 보아 비과세 여부를 판정함.

▣ 서면인터넷방문상담4팀-1735, 2006.06.15

2주택을 보유하던 1세대가 그 중 하나의 주택이 2005.12.31. 이전에 주택 재건축사업의 시행으로 멸실된 상태에서 재건축 주택의 완성일 전에 나머지 주택(비과세 요건 갖춤)을 양도한 경우 비과세됨.

▣ 서면인터넷방문상담4팀-53, 2006.01.12

2주택 중 1주택이 2005.12.31 이전에 재건축 관리처분 인가된 후 나머지 주택을 양도하는 경우 양도하는 주택이 소득세법 제89조 제1항 제3호 및 동법 시행령 제154조 제1항에 해당하면 양도소득세를 비과세함

핵·심·포·인·트

주택수에 포함되지 않는 조합원입주권

- 2005.12.31. 이전 최초로 「도시 및 주거환경정비법」에 따른 주택재개발사업 또는 주택재건축사업의 관리처분계획이 인가된 경우
- 2005.12.31. 이전에 「도시 및 주거환경정비법」에 따른 주택재개발사업 또는 주택재건축사업의 관리처분계획이 인가되어 취득된 입주자로 선정된 지위를 2005.12.31. 이전에 매매 · 상속등으로 인하여 승계취득한 경우

똑똑한 재개발 재건축 절세법

Part Ⅱ

조합원입주권 가지고 있어도 보유주택 비과세 받을 수 있습니다.

07

주택과 조합원입주권도 일시적 2주택 비과세 조항이 적용될까요?

국내에 1주택을 소유한 1세대가 그 주택(종전의 주택)을 양도하기 전에 다른 주택(신규 주택)을 취득함으로 인해 일시적으로 2주택이 된 경우, 종전의 주택을 취득한 날부터 1년 이상이 지난 후 신규 주택을 취득하고, 신규 주택을 취득한 날부터 일정기한(종전의 주택과 신규 주택이 모두 조정대상지역에 있는 경우 2년[*1], 그 외의 경우 3년) 이내에 종전의 주택을 양도하는 경우에는 1세대 1주택으로 보아 비과세를 적용하고 있는데요.

[*1] 조정대상지역의 공고가 있은 날 이전에 신규 주택(신규 주택을 취득할 수 있는 권리를 포함)을 취득하거나 신규 주택을 취득하기 위해 매매계약을 체결하고 계약금을 지급한 사실이 증명서류에 의해 확인되는 경우는 3년이 적용됨

주택과 조합원입주권도 이러한 일시적 2주택 비과세 조항이 적용될 수 있을까요?

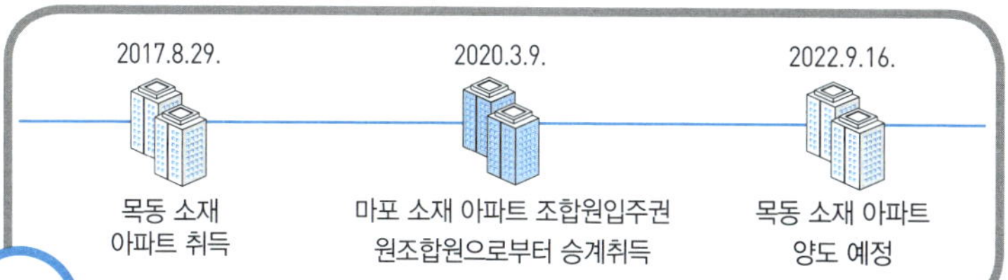

사례

38세 나성실씨.

2017.8.29. 서울 목동 소재 아파트를 6억 원(건물 84㎡, 토지 53㎡)에 취득하여 가족들과 계속 거주하고 있으며, 2020.3.9. 「도시 및 주거환경정비법」상 재건축사업에 따른 관리처분계획 인가를 받은 서울 마포 소재 아파트의 조합원입주권을 원조합원으로부터 승계취득하였습니다.

나성실씨는 2022.9.16. 목동 소재 아파트를 11억 원에 양도하려고 하는데 양도소득세를 절세할 수 있는 방법이 있을까요?

나성실 회계사님, 제가 목동에 살고 있던 아파트를 양도하고 싶은데요. 양도소득세가 얼마나 나올까요?

회계사 잠깐 살펴보도록 하겠습니다. 살펴보니 선생님은 양도소득세를 납부하지 않으셔도 됩니다.

나성실 네, 양도소득세를 납부하지 않아도 된다고요? 정말인가요?

회계사 네, 그렇습니다.

나성실 어떻게 양도소득세를 안 낼 수 있죠? 저는 목동 주택 외에도 마포 조합원입주권을 가지고 있고, 제가 가지고 있는 마포 조합원입주권은 주택수에 포함된다고 해서 저는 2주택자라고 하던데요. 목동과 마포 모두 조정대상지역이고 조정대상지역에서 2주택자가 비과세 받으려면 마포 조합원입주권을 취득한 후 목동 주택을 2년 이내에 팔았어야 비과세 받을 수 있다고 하던데요. 제가 해당 규정을 잘 몰랐어서요. 목동아파트를 팔려고 하니 마포 조합원입주권을 산 후로 이미 2년이 넘었어요.

회계사 네, 선생님이 조정대상지역인 목동에 종전의 주택을 가지고 있고 마포에서 새로운 주택을 취득한 경우라면, 2년 이내에 종전의 주택을 양도해야지 1세대 일시적 2주택 비과세를 받을 수 있지만, 선생님이 마포에서 취득하신 것은 주택이 아닌 조합원입주권이기에 종전의 주택을 양도해도 비과세 받을 수 있습니다.

나성실 네? 무슨 말씀인지 잘 이해가 되지 않는데요. 마포에서 주택을 취득한 경우에는 비과세를 받을 수 없는데, 제가 마포에서 취득한 것이 주택이 아니라 조합원입주권이라서 비과세를 받을 수 있다고요? 무슨 차이인 거죠?

회계사 네, 그렇습니다. 선생님이 좀 전에 말씀해 주신 내용은 일시적 2주택 비과세 규정인데요. 일시적 2주택 비과세 규정은 신규 주택을 취득한 경우 적용되는 조항입니다. 선생님처럼 신규로 조합원입주권을 취득하는 경우에는 해당 내용이 적용되지 않고 아래 3가지 요건을 충족하기만 하면 비과세 받을 수 있습니다(참고 : 「소득세법」 제89조 제2항, 「소득세법 시행령」 제156조의2 제3항).

① 종전의 주택을 취득한 날부터 1년 이상이 지난 후에 조합원입주권을 취득하여야 합니다.

② 조합원입주권을 취득한 날부터 3년 이내에 종전의 주택을 양도하여야 합니다.

③ 종전의 주택이 아래의 1세대 1주택 비과세 요건을 충족해야 합니다.

가. 2년 이상 보유한 주택(2017.8.3. 이후 취득한 주택으로서 취득 당시 조정대상지역에 있는 주택의 경우 해당 주택의 보유기간이 2년 이상이고 그 보유기간 중 거주기간이 2년 이상이어야 함)이어야 합니다.

나. 주택의 부수토지는 건물이 정착된 면적에 아래의 배율을 곱한 면적 이내 토지여야만 합니다.

<table>
<tr><th colspan="2">구 분</th><th>주택부수토지</th></tr>
<tr><td rowspan="3">도시지역</td><td>수도권 내 토지 중 주거지역 · 상업지역 · 공업지역 내 토지</td><td>3배</td></tr>
<tr><td>수도권 내 토지 중 녹지지역의 토지</td><td rowspan="2">5배</td></tr>
<tr><td>수도권 밖의 토지</td></tr>
<tr><td colspan="2">도시지역 외 지역의 토지</td><td>10배</td></tr>
</table>

다. 종전의 주택이 미등기 주택이 아니어야 합니다.

라. 종전의 주택의 양도가액이 12억 원을 초과하지 않아야 합니다.

선생님의 경우에는

① 목동 소재 주택을 취득한 날인 2017.8.29.부터 1년 이상이 지난 후인 2020.3.9.에 조합원입주권을 취득하였고,

② 조합원입주권을 취득한 2020.3.9.부터 3년 이내인 2022.9.16.에 종전의 주택인 목동 주택을 양도하는 것이며,

③ 종전의 주택은 가. 2017.8.29.부터 2022.9.16.까지 2년 이상 보유하고 보유기간 중 거주기간이 2년 이상이고, 나. 주택의 부수토지는 건물이 정착된 면적의 3배 이내이며, 다. 미등기 주택이 아니고, 라. 양도가액이 11억 원으로 12억 원을 초과하지 아니하므로, 1세대 1주택 비과세 요건을 충족하고 있기 때문입니다.

따라서, 목동 소재 아파트의 양도소득은 비과세 받을 수 있습니다.

나성실 그렇군요. 저는 조정대상지역에서 주택은 2년 이내에 팔아야만 하는 줄 알았는데 조합원입주권을 가지고 있는 경우에는 3년 이내에 주택을 팔면 된다라고 하니 정말 기쁘네요. 감사합니다.

핵·심·포·인·트

조합원입주권 1개와 주택 1채를 보유하고 있는 경우, 주택을 양도할 때 비과세 요건

① 종전의 주택을 취득한 날부터 1년 이상이 지난 후에 조합원입주권을 취득할 것

② 조합원입주권을 취득한 날부터 3년 이내에 종전의 주택을 양도할 것

③ 종전의 주택이 아래의 1세대 1주택 비과세 요건을 충족할 것

가. 2년 이상 보유한 주택(2017.8.3. 이후 취득한 주택으로서 취득 당시 조정대상지역에 있는 주택의 경우 해당 주택의 보유기간이 2년 이상이고 그 보유기간 중 거주기간이 2년 이상이어야 함)일 것

나. 주택의 부수토지는 건물이 정착된 면적에 아래의 배율을 곱한 면적 이내 토지일 것

구분		주택부수토지
도시지역	수도권 내 토지 중 주거지역 · 상업지역 · 공업지역 내 토지	3배
	수도권 내 토지 중 녹지지역의 토지	5배
	수도권 밖의 토지	
도시지역 외 지역의 토지		10배

다. 종전의 주택이 미등기 주택이 아닐 것

라. 종전의 주택의 양도가액이 12억 원을 초과하지 않을 것

08

조합원입주권을 취득한 후 3년이 지나 종전의 주택을 양도해도 비과세 받을 수 있을까요?

국내에 1주택을 소유한 1세대가 그 주택(종전의 주택)을 양도하기 전에 조합원입주권을 취득하여 일시적으로 1주택과 1조합원입주권이 된 경우, 종전의 주택을 취득한 날부터 1년 이상이 지난 후 조합원입주권을 취득하고 그 조합원입주권을 취득한 날부터 3년 이내에 종전의 주택을 양도하는 경우 비과세를 적용하고 있는데요.

조합원입주권을 취득하고 해당 주택의 준공일이 지연되어 거주하고 있던 종전의 주택을 3년 이내에 양도하지 못하였습니다. 그렇다면 입주권을 취득한 날부터 3년이 지나 종전의 주택을 양도하는 경우 비과세는 받지 못하는 것일까요?

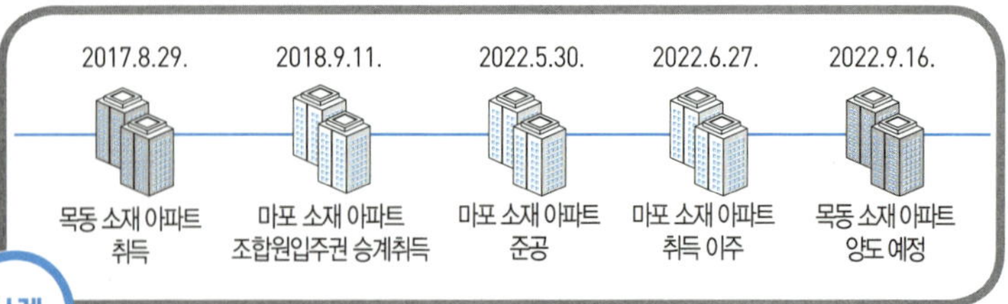

사례

38세 나성실씨.

2017.8.29. 서울 목동 소재 아파트를 6억 원(건물 84㎡, 토지 53㎡)에 취득하여 가족들과 계속 거주하고 있으며, 2018.9.11. 「도시 및 주거환경정비법」상 재건축사업에 따른 관리처분계획인가를 받은 서울 마포 소재 아파트의 조합원입주권을 원조합원으로부터 승계취득하였습니다.

마포 소재 재건축아파트는 2022.5.30. 준공되어 나성실씨는 2022.6.27. 해당 아파트로 가족들과 함께 입주하였고, 2022.9.16. 목동 소재 아파트를 11억 원에 양도하려고 합니다.

나성실씨는 양도소득세를 절세할 수 있는 방법이 있을까요?

나성실 회계사님, 제가 이번에 마포 재건축 아파트로 이사를 가면서 목동에 살고 있던 아파트를 양도하고 싶은데요. 양도소득세가 얼마나 나올까요?

회계사 잠깐 살펴보도록 하겠습니다. 살펴보니 선생님은 양도소득세를 납부하지 않으셔도 될 것 같습니다.

나성실 네, 양도소득세를 납부하지 않아도 된다고요? 정말인가요? 전에는 1주택 1조합원입주권을 소유한 경우 조합원입주권을 취득한 후 3년 이내 주택을 양도해야 비과세 받을 수 있다고 말씀하셨는데 저는 조합원입주권을 취득한 지 이미 3년이 지났는데요.

회계사 네, 조합원입주권을 취득한 지 3년이 지나기는 하였지만 비과세 받을 수 있습니다.

나성실 어떻게 해야 비과세를 받을 수 있나요?

회계사 네, 선생님의 경우 마포 재건축 아파트가 준공된 후 바로 세대전원이 이사하고 목동 아파트를 바로 양도하고자 하는 것이니 이제 마포 재건축 아파트에서 1년 이상 계속하여 거주하기만 하면 됩니다.

나성실 네? 물론 마포 재건축 아파트에서 1년 이상은 계속 거주할 계획이긴 합니다만, 어떻게 비과세를 받을 수 있는 것인지 구체적으로 설명을 부탁드릴 수 있을까요?

회계사 네, 세법에서는 선생님의 경우와 같이 조합원입주권을 실수요 목적으로 취득한 경우를 보호하기 위하여 조합원입주권을 취득한 후 3년 이내 종전의 주택을 양도하지 못한 경우에도 아래와 같이 5가지 요건을 충족시키면 비과세를 해 주고 있습니다(참고 : 「소득세법」 제89조 제2항, 「소득세법 시행령」 제156조의2 제4항, 「소득세법 시행령」 대통령령 제32420호(2022.2.15.) 부칙 제12조).

① 종전의 주택을 취득한 날부터 1년 이상이 지난 후에 조합원입주권을 취득하여야 합니다. 단, 2022.2.14. 이전에 조합원입주권을 취득한 경우에는, 종전의 주택을 취득한 날부터 1년이 지나지 않아도 괜찮습니다.

② 조합원입주권을 취득한 날부터 3년이 지나 종전의 주택을 양도하여야 합니다.

③ 조합원입주권으로 취득하는 주택이 완성된 후 2년 이내 그 주택으로 세대전원이 이사하여 1년 이상 계속하여 거주하여

야 합니다. 단, 취학, 근무상 형편, 질병의 요양 등의 경우에는 세대원 일부가 이사하지 않더라도 가능합니다.

④ 조합원입주권으로 취득하는 주택이 완성되기 전 또는 완성된 후 2년 이내에 종전의 주택을 양도하여야 합니다.

⑤ 종전의 주택은 아래의 1세대 1주택 비과세 요건을 충족해야 합니다.

가. 2년 이상 보유한 주택(2017.8.3. 이후 취득한 주택으로서 취득 당시 조정대상지역에 있는 주택의 경우 해당 주택의 보유기간이 2년 이상이고 그 보유기간 중 거주기간이 2년 이상이어야 함)이어야 합니다.

나. 주택의 부수토지는 건물이 정착된 면적에 아래의 배율을 곱한 면적 이내 토지여야만 합니다.

구분		주택부수토지
도시지역	수도권 내 토지 중 주거지역 · 상업지역 · 공업지역 내 토지	3배
	수도권 내 토지 중 녹지지역의 토지	5배
	수도권 밖의 토지	
도시지역 외 지역의 토지		10배

다. 종전의 주택이 미등기 주택이 아니어야 합니다.

라. 종전의 주택의 양도가액이 12억 원을 초과하지 않아야 합니다.

선생님의 경우에는

① 목동 소재 주택을 취득한 날인 2017.8.29.부터 1년 이상이 지난 후인 2018.9.11.에 조합원입주권을 취득하였습니다.

물론 조합원입주권의 취득일이 2022.2.14. 이전이므로 목동 소재 주택을 취득한 날부터 1년이 지나기 전에 조합원입주권을 취득한 것이어도 됩니다.

② 조합원입주권을 취득한 2018.9.11.부터 3년이 지난 2022.9.16. 종전의 주택인 목동 주택을 양도하고자 하는 것이며,

③ 조합원입주권으로 취득하는 마포 주택이 완성된 2022.5.30.부터 2년 이내인 2022.6.27. 세대전원이 이사하였고,

④ 마포 주택이 완성된 2022.5.30.부터 2년 이내인 2022.9.16. 종전의 주택인 목동 주택을 양도하는 것이며,

⑤ 종전의 주택은 가. 2017.8.29.부터 2022.9.16.까지 2년 이상 보유하고 2017.8.29.부터 2022.6.27.까지 거주하였으므로 2년 이상 거주하였으며, 나. 주택의 부수토지는 건물이 정착된 면적의 3배 이내이며, 다. 미등기 주택이 아니고, 라. 양도가액이 11억 원으로 12억 원을 초과하지 아니하므로, 1세대 1주택 비과세 요건을 충족하고 있기 때문에 마포 아파트에 세대 전원이 1년 이상 계속하여 거주하는 요건만 충족하면 목동 아파트는 비과세 받을 수 있습니다.

나성실 아, 그런 내용이 있었군요. 목동 아파트의 양도소득에 대해 비과세를 받을 수 있다면야 마포 아파트에 가족이 꼭 1년 이상 계속하여 거주하도록 하겠습니다. 회계사님, 상담 감사합니다.

핵·심·포·인·트

조합원입주권 1개와 주택 1채를 보유하고 있는 경우, 주택을 양도할 때 비과세 요건

① 종전의 주택을 취득 후에 조합원입주권을 취득할 것. 단, 2022. 2.15. 이후에 조합원입주권을 취득한 경우에는, 종전의 주택을 취득한 날부터 1년 이상이 지난 후에 조합원입주권을 취득할 것

② 조합원입주권을 취득한 날부터 3년이 지나 종전의 주택을 양도할 것

③ 조합원입주권으로 취득하는 주택이 완성된 후 2년 이내 그 주택으로 세대전원이 이사하여 1년 이상 계속하여 거주할 것. 단, 취학, 근무상 형편, 질병의 요양 등의 경우에는 세대원 일부가 이사하지 않더라도 가능함

④ 조합원입주권으로 취득하는 주택이 완성되기 전 또는 완성된 후 2년 이내에 종전의 주택을 양도할 것

⑤ 종전의 주택은 아래의 1세대 1주택 비과세 요건을 충족할 것

가. 2년 이상 보유한 주택(2017.8.3. 이후 취득한 주택으로서 취득 당시 조정대상지역에 있는 주택의 경우 해당 주택의 보유기간이 2년 이상이고 그 보유기간 중 거주기간이 2년 이상이어야 함)일 것

나. 주택의 부수토지는 건물이 정착된 면적에 아래의 배율을 곱한 면적 이내 토지일 것

구분		주택부수토지
도시지역	수도권 내 토지 중 주거지역 · 상업지역 · 공업지역 내 토지	3배
	수도권 내 토지 중 녹지지역의 토지	5배
	수도권 밖의 토지	
도시지역 외 지역의 토지		10배

다. 종전의 주택이 미등기 주택이 아닐 것

라. 종전의 주택의 양도가액이 12억 원을 초과하지 않을 것

II 조합원입주권 가지고 있어도 보유주택 비과세 받을 수 있습니다.

09

1+1 재건축사업 조합원입주권 대체주택 비과세 받을 수 있을까요?

「도시 및 주거환경정비법」 제76조 제1항 제7호 라목에 따르면 조합원은 그 주택의 사업시행계획인가 고시가 있은 날을 기준으로 한 가격 또는 그 주택의 전용면적 범위에서 2주택을 분양받을 수 있는데요.

1+1 재건축이라고 불리는 이 규정은 1~2인 가구의 증가에 따라 소형주택의 공급을 늘리고 주택경기 활성화를 도모하려는 목적으로 2013년 신설되었습니다. 따라서, 추가로 받게 되는 1채는 전용 60㎡ 이하의 소형이어야 하고, 60㎡ 이하로 공급받은 1주택은 이전고시일 다음 날부터 3년이 지나기 전에는 전매(상속의 경우는 제외)가 금지됩니다.

예를 들어, 종전 주택의 전용면적이 160㎡라면 재건축 후 84㎡+59㎡ 2채를 받을 수 있는데요, 이렇게 1+1 재건축을 받게 되면 재건축 사업의 이익을 두 배로 얻을 수 있을 뿐 아니라, 소형아파트로 임대수입을 얻을 수 있는 장점이 있는 반면, 다주택자로 대출이 제한되고 양도소득세와 종합부동산세 등 세부담이 늘어나게 됩니다.

그렇다면 1+1 재건축 조합원입주권을 가진 조합원이 재건축사업의 시행기간 동안 거주할 목적으로 취득하는 주택을 양도하는 경우 양도소득세는 어떻게 적용될지 알아보도록 할까요?

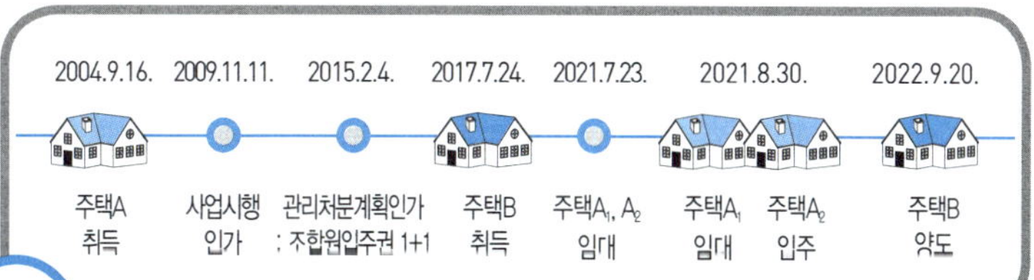

사례

서울 강남구에 살고 있는 33세 나성실씨.

부모님과 같이 살고 있으며, 부모님 소유의 주택A(160㎡)에 대한 2015.2.4. 「도시 및 주거환경정비법」상 재건축사업에 따른 관리처분계획인가로 조합원입주권 2개(59㎡[주택A_1]+84㎡[주택A_2])를 취득하였습니다.

해당 주택은 2021.7.23. 준공(소유권보존등기)되었고, 59㎡인 주택A_1는 임대를 주고, 84㎡인 주택A_2은 가족 전원이 2021.8.30. 입주하였고 앞으로도 계속 거주할 예정입니다.

나성실씨는 2017.7.24. 재건축 기간 중 거주할 목적으로 나성실씨 명의로 서울 서초구 소재 다른 주택B(84㎡)를 7억 원에 새로 취득하였었고, 가족이 모두 2021.8.30.까지 거주하였었습니다. 주택B의 현재 시세는 15억 원이고, 양도시 필요경비로 인정받을 수 있는 금액은 2천만 원입니다.

A주택의 취득일은 2004.9.16.이며, 해당 재건축사업의 사업시행인가일은 2009.11.11.(최초 인가)이고, 해당인가일 당시 1세대 1주택의 요건을 충족하고 있었습니다.

나성실씨는 주택B를 처분하려고 하는데요. 주택B의 양도소득세는 얼마일까요?

나성실 회계사님, 저는 9월 20일 재건축 사업기간 동안 살고 있었던 주택B를 팔려고 하는데요, 제 옆 동에 살았던 사람도 얼마 전 재건축 사업기간 동안 살았던 집을 팔았는데 양도소득세를 한 푼도 내지 않았다고 하더라고요. 저도 당연히 양도소득세 안 내겠죠?

회계사 아니요. 선생님은 양도소득세를 내셔야 하는데요.

나성실 양도소득세를 내야 한다고요? 왜 그런거죠?

회계사 네, 선생님 옆 동에 사셨던 분은 '대체주택'에 대한 비과세를 받으셨던 모양인데요.

'대체주택'이란 살고 있던 주택이 재건축됨에 따라 사업시행기간 동안 거주할 목적으로 취득하는 주택을 말합니다.

이 '대체주택'을 비과세 받기 위해서는 아래의 3가지 요건을 모두 갖추어야 하는데요(「소득세법」 제89조 제2항, 「소득세법 시행령」 제156조의2 제5항).

첫째, 재건축 사업시행인가일 이후 '대체주택'을 취득하여야 하고, 그 '대체주택'에서 1년 이상 거주하여야 합니다.

둘째, 재건축사업에 따라 취득하는 주택이 완성된 후 2년 이내에 그 주택으로 세대전원이 이사하여 1년 이상 계속하여 거주하여야 합니다.

셋째, 재건축사업에 따라 취득하는 주택이 완성되기 전 또는 완성된 후 2년 이내에 '대체주택'을 양도하여야 합니다.

나성실 회계사님, 그렇다면 저는 말씀하신 3가지 요건을 모두 충족하는 것 같은데요.

첫째, 저의 경우 재건축 사업시행인가일이 2009.11.11.인데요. 대체주택인 주택B를 사업시행인가일 이후인 2017.7.24.에 취득해서 가족이 2017.7.24.부터 2021.8.30.까지 살았으니 1년 이상 거주했고요.

둘째, 재건축사업에 따라 새로 취득한 주택A_2가 준공된 2021.7.23. 후 2년 이내인 2021.8.30.에 가족전원이 해당 주택으로 이사했고 2022.9.20.이면 1년 이상 거주한 것이고 앞으로도 저희 가족은 해당 주택에 계속하여 거주할 계획입니다.

셋째, 2022.9.20.이면 A_2가 준공된 2021.7.23.부터 2년 이내이니 '대체주택'인 주택B는 비과세 받을 수 있을 것 같은데, 왜 비과세가 되지 않는다는 것이죠?

회계사 네, 선생님이 잘 생각하셨지만, 해당되지 않는 사항이 하나 있습니다.

나성실 네? 해당되지 않는 사항이 있다고요? 어떤 사항인가요?

회계사 해당 비과세 조항은 기본적으로 1세대 1주택자에게 해당하는 내용입니다. 즉, 국내에 1주택만을 소유한 1세대가 거주 중이던 주택이 재건축됨에 따라 재건축사업의 시행기간 동안 거주할 목적으로 '대체주택'을 취득하였을 때, 해당 '대체주택'의 양도에 대하여 1세대 1주택자로 보아 비과세를 해 주는 내용인데요.

선생님의 경우, 조합원입주권 취득시 1개가 아닌 1+1으로 2개 취득하였고, 세법에서는 국내에 1주택을 소유한 1세대가 그 주택에 대한 「도시 및 주거환경정비법」에 따른 재건축사업으로 조합원입주권을 2개 취득하고, 해당 입주권 2개를 보유한 상태에서 재건축사업의 시행기간 동안 거주하기 위하여 다른 주택을 취득한 경우에는 1세대 1주택 비과세 특례를 적용받을 수 없다고 해석하고 있기 때문에, 선생님은 해당 주택의 양도소득에 대해 비과세를 받을 수 없습니다(서면-2018-법령해석재산-3798, 2019.9.3.).

▣ 서면-2018-법령해석재산-3798, 2019.9.3.

1+1 재건축사업으로 종전 1주택 대신 입주권 2개 취득한 경우 「소득세법 시행령」 제156조의2 제5항에 따른 대체주택 비과세 적용되지 않음.

핵·심·포·인·트

1+1 조합원입주권을 취득한 경우, 대체주택 비과세 판단

1+1 재건축사업으로 종전 1주택 대신 입주권 2개 취득한 경우 대체주택 비과세 적용되지 않음(서면-2018-법령해석재산-3798, 2019.9.3.).

10

동거봉양으로 인해 2주택 1조합원입주권을 보유하게 되는 경우 주택을 양도해도 비과세 받을 수 있습니다.

평균수명이 늘어나고는 있지만, 사회적으로 핵가족화, 1인 가구가 가속화되며 과거처럼 부모님을 봉양하던 모습은 사라져 가고 있습니다. 이와는 반대로 독립할 능력이 부족해 부모님 곁을 떠나지 못하고 생활하는 캥거루족도 있는데요.

별도 세대로 부모님과 분가했지만 연로한 부모님을 봉양하고자 또는 맞벌이로 인해 부모님과 세대를 합치게 되면서 주택을 양도할 경우 양도소득세는 어떻게 될지 구체적 사례를 통해 알아보도록 하겠습니다.

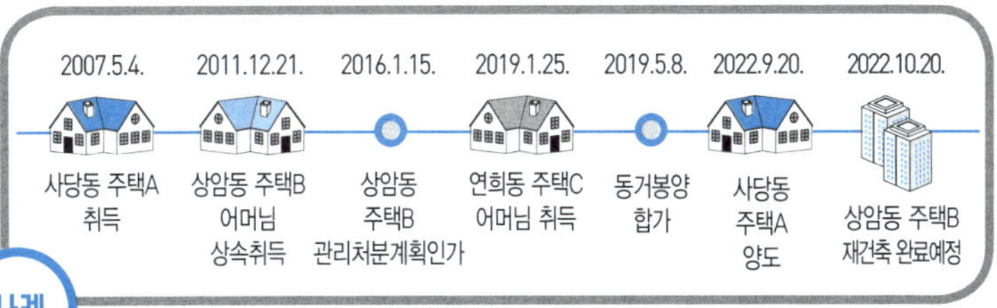

사례

외아들인 나성실씨는 2007.5.4. 혼인을 하면서 서울 사당동에 4억 원(주택의 부수토지는 건물정착 면적의 3배 이내임)을 주고 신혼집을 구입하여 부모님으로부터 독립하였습니다.

2011.12.21. 아버님이 돌아가시자 상속협의분할을 통하여 어머님이 상암동 소재의 주택을 단독 상속받았고, 상암동 소재의 주택은 재건축으로 인하여 2016.1.15. 관리처분계획인가가 승인되었습니다.

상암동 재건축으로 인해 어머님은 2019.1.25. 연희동에 새로운 주택을 구입하여 이사하였습니다. 하지만, 어머니의 연세가 78세로 연로하고 건강이 악화되어 병원을 자주 왕래하여야 하는데 아무래도 곁에서 부양하는 것이 나을 것 같다는 판단에 나성실씨는 아내와 상의하여 사당에 소재한 집은 전세로 임대주고 2019.5.8. 어머님 집으로 합가를 하였습니다.

상암동 소재의 아파트는 재건축이 완료되어 2022.10.20. 이후 입주가 가능할 것 같다고 하는데요. 나성실씨는 아무래도 집이 3채가 되면 부담이 될 것 같아 2022.9.20. 사당에 있는 주택을 8억 5천만 원에 처분하고자 합니다.

나성실씨의 양도소득세는 얼마나 나올까요?

나성실 회계사님, 제가 사당에 있는 집을 양도하면 세금을 많이 내야 하지요?

회계사 일반적으로는 그렇습니다만, 선생님은 세금을 내지 않으셔도 될 것 같습니다.

나성실 네 정말요? 세금을 내지 않아도 된다고요? 그것이 가능한가요?

회계사 네, 그렇습니다.

「소득세법」에서는 동거봉양을 권장하기 위하여 일정요건을 충족시키는 주택을 양도하는 경우에는 비과세를 해 주고 있는데요. 선생님은 그 경우에 해당합니다.

나성실 그래요? 비과세를 받을 수 있는 경우라 하면 어떤 경우인가요?

회계사 1주택, 1조합원입주권 또는 1분양권, 1주택과 1조합원입주권 또는 1분양권을 소유한 1세대가 1주택, 1조합원입주권 또는 1분양권, 1주택과 1조합원입주권 또는 1분양권을 소유하는 60세 이상의 직계존속(배우자의 직계존속을 포함하며, 직계존속 중 어느 한 사람이 60세 미만인 경우를 포함)을 동거봉양하기 위해 세대를 합침으로써 1세대가 1주택과 1조합원입주권, 1주택과 2조합원입주권, 2주택과 1조합원입주권 또는 2주택과 2조합원입주권 등을 소유하게 되는 경우, 그 세대 합가일로부터 10년 이내에 먼저 양도하는 최초양도주택이 아래의 ①,② 또는 ③에 따른 주택 중 어느 하나에 해당하는 경우에는 이를 1세대 1주택으로 보아 비과세 규정을 적용하도록 하고 있는데요(참고 : 「소득세법」 제89조 제2항, 「소득세법 시행령」 제156조의2 제8항).

① 세대를 합친 날 이전에 1주택자가 소유하던 주택을 양도하는 경우

② 세대를 합친 날 이전에 1주택과 1조합원입주권 또는 1분양권을 소유하던 자가 소유하던 주택을 양도하는 경우로서 아래의 요건 중 어느 하나를 충족하는 경우

가. 세대를 합친 날 이전에 최초양도주택을 소유하던 자가 소유하던 조합원입주권이 관리처분계획 등의 인가로 인하

여 최초 취득된 것인 경우에는 최초양도주택이 그 재개발 사업, 재건축사업 또는 소규모재건축사업, 소규모재개발 사업, 가로주택정비사업, 자율주택정비사업의 시행기간 중 거주하기 위하여 사업시행인가일 이후 취득된 것으로서 취득 후 1년 이상 거주하였을 것

나. 세대를 합친 날 이전에 최초양도주택을 소유하던 자가 소유하던 조합원입주권이 매매 등으로 승계취득된 것인 경우에는 최초양도주택이 세대를 합친 날 이전 조합원입주권을 취득하기 전부터 소유하던 것일 것

다. 세대를 합친 날 이전 취득한 분양권으로서 최초양도주택이 세대를 합친 날 이전 분양권을 취득하기 전부터 소유하던 것일 것

③ 세대를 합친 날 이전에 소유하던 1조합원입주권 또는 1분양권을 소유하던 자가 1조합원입주권 또는 1분양권에 의하여 재개발사업, 재건축사업 또는 소규모재건축사업, 소규모재개발사업, 가로주택정비사업, 자율주택정비사업의 관리처분계획 등 또는 사업시행 완료에 따라 세대를 합친 날 이후에 취득하는 주택을 양도하는 경우

* 상기에서 소규모재개발사업, 가로주택정비사업 및 자율주택정비사업의 조합원입주권의 경우 2022.1.1. 이후 취득하는 분부터 적용

** 상기에서 분양권의 경우 2021.1.1. 이후 취득한 분부터 적용

선생님의 경우 선생님이 어머님과 세대를 합칠 당시 어머님의 연세가 78세라 하셨으니 부모님의 나이 요건은 충족하고 있고, 선생님은 세대를 합친 날 이전 사당동 주택을 보유하고 있었고, 어머님은 연희동 주택과 상암동 조합원입주권을 보유하고 있었던 바, 세대를 합침으로 인하여 2주택(연희동 주택과 사당동 주택)과 1조합원입주권(상암동 조합원입주권)을 1세대가 보유하게 된 경우입니다.

따라서, 동거봉양으로 인한 비과세가 적용가능한지 검토해 보겠는데요.

세대를 합친 날이 2019.5.8.이고 사당동 주택을 양도하고자 하는 날이 2022.9.20.이므로 사당동 주택은 세대를 합친 날로부터 10년 이내 양도하는 주택에 해당하기 때문에, 사당동 주택이 아래의 4가지 비과세 요건을 충족하면 비과세 받을 수 있는데요.

① 양도하는 주택은 2년 이상 보유한 주택이어야 합니다. 단, 양도하는 주택이 2017.8.3. 이후 취득한 주택으로서 취득 당시 조정대상지역에 있는 주택의 경우 해당 주택의 보유기간 중 거주기간이 2년 이상이어야 합니다.

② 양도하는 주택의 부수토지는 건물이 정착된 면적에 아래의 배율을 곱한 면적 이내 토지여야만 합니다.

구분		주택부수토지
도시지역	수도권 내 토지 중 주거지역 · 상업지역 · 공업지역 내 토지	3배
	수도권 내 토지 중 녹지지역의 토지	5배
	수도권 밖의 토지	
도시지역 외 지역의 토지		10배

③ 양도하는 주택은 미등기 주택이 아니어야 합니다.

④ 양도 당시의 양도하는 주택의 실지거래가액이 12억 원 이하여야 합니다.

사당동 주택은 선생님이 2007.5.4. 취득하였으므로 1세대 1주택 비과세 요건 중 거주요건은 적용받지 아니하고 보유요건 2년만 충족하면 되는데요. 현재 보유한 지 2년 이상이 되었고, 주택의 부수토지는 건물이 정착된 면적의 3배 이내이며, 미등기 주택이 아니며, 양도가액 또한 고가주택 기준인 12억 원을 초과하지 않고 있으므로 양도차익 전액에 대해서 비과세를 적용받을 수 있는 것입니다.

핵·심·포·인·트

동거봉양으로 인한 세대합가시 양도하는 최초주택의 비과세 판단

① 1주택, 1조합원입주권 또는 1분양권, 1주택과 1조합원입주권 또는 1분양권을 소유한 1세대일 것

② 1주택, 1조합원입주권 또는 1분양권, 1주택과 1조합원입주권 또는 1분양권을 소유하는 60세 이상의 직계존속(배우자의 직계존속을 포함하며, 직계존속 중 어느 한 사람이 60세 미만인 경우를 포함)을 동거봉양하기 위해 세대를 합칠 것

③ 세대를 합침으로 1세대가 1주택과 1조합원입주권, 1주택과 2조합원입주권, 2주택과 1조합원입주권 또는 2주택과 2조합원입주권 등을 소유하게 된 경우일 것

④ 세대 합가일로부터 10년 이내에 먼저 양도하는 최초양도주택이 아래에 따른 주택 중 어느 하나에 해당할 것

1. 세대를 합친 날 이전에 1주택자가 소유하던 주택을 양도하는 경우
2. 세대를 합친 날 이전에 1주택과 1조합원입주권 또는 1분양권을 소유하던 자가 소유하던 주택을 양도하는 경우로서 아래의 요건 중 어느 하나를 충족하는 경우

가. 세대를 합친 날 이전에 최초양도주택을 소유하던 자가 소유하던 조합원입주권이 관리처분계획 등의 인가로 인하여 최초 취득된 것인 경우에는 최초양도주택이 그 재개발사업, 재건축사업 또는 소규모재건축사업, 소규모재개발사업, 가로주택정비사업, 자율주택정비사업의 시행기간 중 거주하기 위하여 사업시행계획 인가일 이후 취득된 것으로서 취득 후 1년 이상 거주하였을 것

나. 세대를 합친 날 이전에 최초양도주택을 소유하던 자가 소유하던 조합원입주권이 매매 등으로 승계취득된 것인 경우에는 최초양도주택이 세대를 합친 날 이전 조합원입주권을 취득하기 전부터 소유하던 것일 것

다. 세대를 합친 날 이전 취득한 분양권으로서 최초양도주택이 세대를 합친 날 이전 분양권을 취득하기 전부터 소유하던 것일 것

3. 세대를 합친 날 이전에 소유하던 1조합원입주권 또는 1분양권을 소유하던 자가 1조합원입주권 또는 1분양권에 의하여 재개발사업, 재건축사업 또는 소규모재건축사업, 소규모재개발사업, 가로주택정비사업, 자율주택정비사업의 관리처분계획 등 또는 사업시행 완료에 따라 세대를 합친 날 이후에 취득하는 주택을 양도하는 경우

* 상기에서 소규모재개발사업, 가로주택정비사업 및 자율주택정비사업의 조합원입주권의 경우 2022.1.1. 이후 취득하는 분부터 적용

** 상기에서 분양권의 경우 2021.1.1. 이후 취득한 분부터 적용

⑤ 최초양도주택이 아래의 1세대 1주택 비과세 요건을 충족할 것

1. 양도하는 주택은 2년 이상 보유한 주택일 것. 단, 양도하는 주택이 2017.8.3. 이후 취득한 주택으로서 취득 당시 조정대상지역에 있는 주택의 경우 해당 주택의 보유기간 중 거주기간이 2년 이상일 것

2. 양도하는 주택의 부수토지는 건물이 정착된 면적에 아래의 배율을 곱한 면적 이내 토지일 것

구분		주택부수토지
도시지역	수도권 내 토지 중 주거지역 · 상업지역 · 공업지역 내 토지	3배
	수도권 내 토지 중 녹지지역의 토지	5배
	수도권 밖의 토지	
도시지역 외 지역의 토지		10배

3. 양도하는 주택은 미등기 주택이 아닐 것

4. 양도 당시 주택의 실지거래가액이 12억 원 이하일 것

11

혼인으로 인해 1주택과 1조합원입주권을 보유하게 되는 경우 주택을 양도해도 비과세 받을 수 있습니다.

요즘 서울아파트 가격은 일반 월급으로는 취득하기가 어렵습니다. 그래서 많은 부모님들이 증여를 통해 낡은 주택을 자식들 명의로 사전에 이전하고 있는데요. 낡은 주택이다보니 재개발 재건축되는 경우도 있어 자식들이 결혼 당시 조합원입주권을 가지고 있는 경우가 있습니다. 또한, 결혼 평균연령도 높아지다 보니 결혼 당시 주택을 소유하고 있는 경우도 있는데요.

결혼으로 인해 1주택과 1조합원입주권을 가지게 되면서 주택을 양도할 경우, 양도소득세는 어떻게 될지 구체적 사례를 통해 알아보도록 하겠습니다.

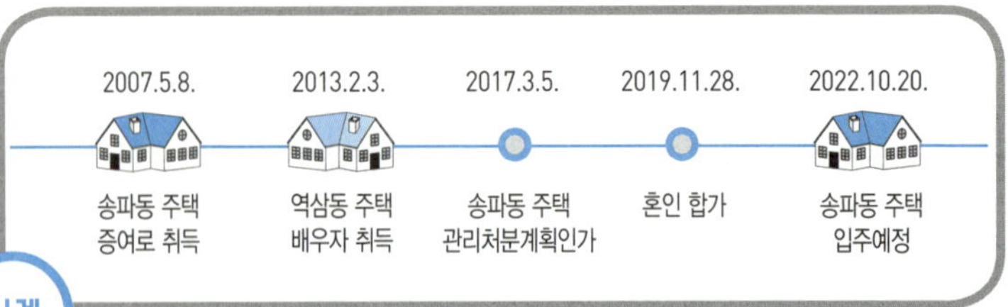

사례

2017.3.5. 관리처분계획인가가 승인된 서울 송파동 재개발아파트조합원입주권을 소유하고 있는 38세 나성실씨.

나성실씨는 2019.11.28. 서울 역삼동 아파트를 소유하고 있는 35세의 아내와 결혼하여 신혼집을 꾸몄습니다.

나성실씨가 소유하고 있는 서울 송파동 재개발아파트조합원입주권은 2007.5.8. 아버지로부터 증여받은 주택이 재개발된 것이며, 2022.10.20. 준공을 예상하고 있습니다.

아내가 소유하고 있는 역삼동 아파트는 2013.2.3. 취득한 것입니다.

나성실씨는 조만간 아파트가 2채가 되는데, 세금도 많이 나오니 역삼동 아파트나 송파동 재개발아파트조합원입주권 중 하나는 매각을 하고 상황을 지켜보다가 다시 다른 주택을 취득하는 것이 좋지 않을까 하는 고민에 빠졌습니다.

아무래도 직장을 생각하면 현재 역삼동 아파트에 계속 거주하고 송파동 재개발아파트조합원입주권을 파는 것이 낫지 않을까 생각하고 있는데요. 나성실씨는 어떤 것을 먼저 팔아야 세금을 절세할 수 있을까요?

나성실 회계사님, 제가 결혼을 해서 현재는 주택 1채와 조합원입주권 1개를 가지고 있는데요. 이 둘 중 하나를 9월 지나기 전에 양도하려고요. 현재는 송파동 재개발아파트조합원입주권을 매각할까 생각 중에 있습니다. 주변에서 이야기를 들어보니 혼인으로 인해 주택이 2채가 되고 그 중 1채를 양도하면 비과세 받을 수 있다고 들었는데 맞나요?

회계사 네, 1주택을 보유하고 있는 자가 1주택을 보유하고 있는 자와 혼인함으로써 1세대가 2주택을 보유하게 되는 경우 혼인한 날부터 5년 이내에 먼저 양도하는 주택은 1세대 1주택으로 보아 비과세를 적용하고 있습니다(참고 : 「소득세법」 제89조 제1항 제3호 나목, 「소득세법 시행령」 제155조 제5항).

하지만, 선생님의 경우 혼인으로 인해 1주택과 1조합원입주권을 가지고 계신 것이기 때문에 혼인으로 인해 2주택을 보유하게 되는 경우가 아니므로 해당 조항으로는 비과세를 적용받을 수 없습니다.

나성실 네, 비과세를 받을 수 없다고요? 제 친구는 얼마 전 1주택과 1조합원입주권을 가진 상태에서도 비과세를 받았었는데요.

회계사 네, 비과세를 받으셨다면 그 친구분은 조합원입주권이 아닌 주택을 먼저 양도하셨을 겁니다.

나성실 네, 맞아요. 그 친구는 살고 있던 주택을 양도하고 신축된 재개발아파트로 이사했었습니다. 그런데, 그것이 비과세를 받고 못 받고의 차이가 있나요?

회계사 네, 있습니다.

비과세를 받기 위해서는 「소득세법」에서 정하는 비과세 요건을 충족해야 하는데요.

「소득세법」에서는 1주택을 소유하는 자가 1조합원입주권을 가진 자와 혼인함으로써 1세대가 1주택과 1조합원입주권이 되는 경우, 혼인한 날부터 5년 이내에 먼저 양도하는 주택을 1세대 1주택으로 보아 비과세를 적용하도록 규정하고 있습니다. 즉 조합원입주권이 아닌 주택을 양도해야 비과세를 적용받을 수 있다는 내용입니다(참고 : 「소득세법」 제89조 제2항, 「소득세법 시행령」 제156조의2 제9항).

나성실 그래요? 그럼 역삼동 아파트를 팔아야 비과세를 받을 수 있다는 말씀이네요. 그러기에는 직장도 그렇고 강남에 있는 집을 먼저 팔자니 솔직히 망설여지는데요, 회계사님 다른 방안은 없을까요?

회계사 다른 방안으로는 송파동 재개발입주권을 현재 매각하지 말고, 2022.10.20. 준공이 끝난 후 주택이 된 상태에서 양도하는 방안을 고려할 수 있습니다. 그 이유는 세법에서는 혼인한 날 이전에 1조합원입주권을 소유하던 자가 소유하던 1조합원입주권에 의하여 재개발사업의 관리처분계획등에 따라 혼인한 날 이후에 취득하는 주택을 1세대 1주택으로 보아 비과세를 적용한다고 규정하고 있기 때문입니다(참고 : 「소득세법」 제89조 제2항, 「소득세법 시행령」 제156조의2 제9항).

나성실 아, 생각한 기간보다는 좀 지연되기는 하지만 준공이 멀지 않았으니 해당 방법으로 비과세를 받으면 되겠군요. 회계사님, 상담 감사드립니다.

핵·심·포·인·트

➲ 혼인으로 인하여 1세대가 1주택과 1조합원입주권, 1주택과 2조합원입주권, 2주택과 1조합원입주권 또는 2주택과 2조합원입주권 등을 소유하게 되는 경우, "주택"을 양도해야 비과세 받을 수 있음

➲ 혼인으로 인한 합가 후, 최초주택 양도시 비과세 판단

① 1주택, 1조합원입주권 또는 1분양권, 1주택과 1조합원입주권 또는 1분양권을 소유한 1세대일 것

② 1주택, 1조합원입주권 또는 1분양권, 1주택과 1조합원입주권 또는 1분양권을 소유하는 다른 자와 혼인할 것

③ 혼인으로 인해 1세대가 1주택과 1조합원입주권, 1주택과 2조합원입주권, 2주택과 1조합원입주권 또는 2주택과 2조합원입주권 등을 소유하게 된 경우일 것

④ 혼인한 날로부터 5년 이내에 먼저 양도하는 최초양도주택이 아래에 따른 주택 중 어느 하나에 해당할 것

1. 혼인한 날 이전에 1주택자가 소유하던 주택을 양도하는 경우
2. 혼인한 날 이전에 1주택과 1조합원입주권 또는 1분양권을 소유하던 자가 소유하던 주택을 양도하는 경우로서 아래의 요건 중 어느 하나를 충족하는 경우

   가. 혼인한 날 이전에 최초양도주택을 소유하던 자가 소유하던 조합원입주권이 관리처분계획 등의 인가로 인하여 최초 취득된 것인 경우에는 최초양도주택이 그 재개발사업, 재건축사업 또는 소규모재건축사업, 소규모재개발사업, 가로주

택정비사업, 자율주택정비사업의 시행기간 중 거주하기 위하여 사업시행계획 인가일 이후 취득된 것으로서 취득 후 1년 이상 거주하였을 것

나. 혼인한 날 이전에 최초양도주택을 소유하던 자가 소유하던 조합원입주권이 매매 등으로 승계취득된 것인 경우에는 최초양도주택이 혼인 전 조합원입주권을 취득하기 전부터 소유하던 것일 것

다. 혼인한 날 이전에 취득한 분양권으로서 최초양도주택이 혼인한 날 이전에 분양권을 취득하기 전부터 소유하던 것일 것

3. 혼인한 날 이전에 소유하던 1조합원입주권 또는 1분양권을 소유하던 자가 1조합원입주권 또는 1분양권에 의하여 재개발사업, 재건축사업 또는 소규모재건축사업, 소규모재개발사업, 가로주택정비사업, 자율주택정비사업의 관리처분계획 등 또는 사업시행 완료에 따라 혼인한 날 이후에 취득하는 주택을 양도하는 경우

* 상기에서 소규모재개발사업, 가로주택정비사업 및 자율주택정비사업의 조합원입주권의 경우 2022.1.1. 이후 취득하는 분부터 적용

** 상기에서 분양권의 경우 2021.1.1. 이후 취득한 분부터 적용

⑤ 최초양도주택이 아래의 1세대 1주택 비과세 요건을 충족할 것

1. 양도하는 주택은 2년 이상 보유한 주택일 것. 단, 양도하는 주택이 2017.8.3. 이후 취득한 주택으로서 취득 당시 조정대상지역에 있는 주택의 경우 해당 주택의 보유기간 중 거주기간이 2년 이상일 것

2. 양도하는 주택의 부수토지는 건물이 정착된 면적에 아래의 배율을 곱한 면적 이내 토지일 것

구분		주택부수토지
도시지역	수도권 내 토지 중 주거지역 · 상업지역 · 공업지역 내 토지	3배
	수도권 내 토지 중 녹지지역의 토지	5배
	수도권 밖의 토지	
도시지역 외 지역의 토지		10배

3. 양도하는 주택은 미등기 주택이 아닐 것
4. 양도 당시 주택의 실지거래가액이 12억 원 이하일 것

12

재개발 재건축으로 신축아파트가 준공된 경우, 종전 주택을 중복보유기간 내에 팔면 비과세 받을 수 있을까요?

세제 중 가장 큰 혜택은 비과세임은 두말할 것이 없는데요.

1세대가 1주택을 양도하는 경우뿐 아니라 1세대가 이사 등을 이유로 일시적 2주택이 된 경우에도 비과세를 받을 수 있습니다.

즉, 종전 주택을 가지고 있던 1세대가 신규 주택을 취득하여 일시적으로 2주택이 된 경우, 신규 주택을 취득한 날부터 아래 [표1]과 [표2]에 보이는 바와 같이 중복보유기간 이내에 종전 주택을 양도하는 경우 1세대 1주택으로 보아 양도소득세를 비과세하고 있는데요.

[표1] 종전 주택이 조정대상지역에 있는 상태에서 조정대상지역에 있는 신규 주택을 취득하는 경우

구 분	2018.9.13. 이전 취득	2018.9.14. ~2019.12.16. 취득(*1)	2019.12.17. 이후 취득(*2)	2022.5.10. 이후 양도
종전주택	3년 이내 양도	2년 이내 양도	1년 이내 양도	2년 이내 양도
신규주택	전입기한 없음	전입기한 없음	1년 이내 전입(*3)	전입기한 없음

(*1) 2018.9.14. 이후 신규주택을 취득하였더라도 2018.9.13. 이전에 매매계약을 체결하고 계약금을 지급한 사실이 증빙서류에 의하여 확인되는 경우 종전규정이 적용됨.

(*2) 2019.12.17. 이후에 신규주택을 취득하였더라도 2019.12.16. 이전에 매매계약을 체결하고 계약금을 지급한 사실이 증빙서류에 의하여 확인되는 경우 종전규정이 적용됨.

(*3) 신규 주택 취득 당시 기존 임차인의 임대차 기간이 1년 이상 남아있다면 해당 임대차기간까지 종전주택의 양도시기 및 신규주택으로 전입시기가 연장됨(2년 한도).

[표2] 기타의 경우

종전주택	신규주택	중복보유기간
조정대상지역	비조정대상지역	3년
비조정대상지역	조정대상지역	3년
비조정대상지역	비조정대상지역	3년

소유하고 있던 주택이 멸실되어 재개발 또는 재건축되어 신규 주택이 되는 경우, 신규 주택의 취득시점은 준공시점으로 보아 1세대 일시적 2주택 비과세 적용시 준공시점으로부터 중복보유기간 내에 종전주택을 양도하면 비과세받을 수 있을까요?

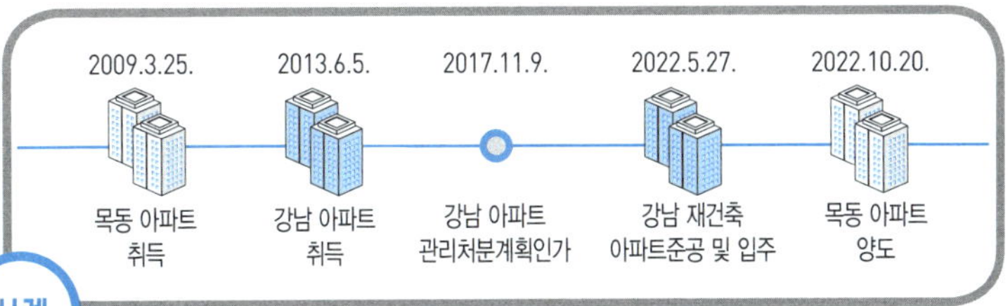

사례

강남과 목동에 아파트를 가지고 있는 38세 나성실씨.

나성실씨는 2009년 3월 25일 취득한 목동 아파트에 살다가 강남 아파트가 재건축되어 강남 아파트로 입주하였는데요. 강남 재건축 아파트는 2013년 6월 5일 취득하였고 2017.11.9. 관리처분계획인가가 되어 2022.5.27. 준공되어 입주하였습니다.

나성실씨는 목동아파트를 2022.10.20. 11억 원에 양도하려고 하는데요.

나성실씨는 목동 아파트 양도시 비과세 받을 수 있을까요?

나성실 회계사님, 제가 가지고 있던 강남아파트가 2022.5.27. 재건축으로 준공되어 저희 가족이 모두 입주했습니다. 그리고 기존에 가지고 있던 목동아파트를 팔려고 하는데 비과세 받을 수 있는 거죠?

회계사 아닙니다. 선생님은 비과세 받을 수 없습니다.

나성실 비과세를 받을 수 없다고요? 왜요? 제가 알아본 바에 의하면 2022.5.10. 이후 조정대상지역의 종전 주택을 2년 이내에 양도하면 비과세 받을 수 있다고 하던데요?

회계사 네, 개정된 세법에 따르면 종전의 주택이 조정대상지역에 있는 상태에서 조정대상지역에 있는 신규 주택을 취득하는 경우에는 신규 주택을 취득한 날부터 2년 이내에 종전 주택을 양도하는 경우 비과세 받을 수 있는데요(참고 : 「소득세법」 제89조 제1항 제3호 나목, 「소득세법 시행령」 제155조 제1항 제2호).

선생님의 경우 강남 아파트를 신규로 취득한 것이 아니라 기존 주택이 멸실되어 재건축된 것이기 때문에 강남 아파트는 신규 주택을 취득한 것이 아니기 때문입니다. 즉, 「소득세법」에서는 재건축된 주택의 경우 신규 주택을 취득한 것이 아니라 기존 주택이 연장된 것으로 보고 있는데요(참고 : 재산46014-10135, 2002. 11.22.).

▣ 재산46014-10135, 2002.11.22.

일시적 2주택 양도시 비과세특례에 있어, 기존주택을 멸실하고 재건축한 주택을 종전에는 준공시점에서 새로 취득한 주택으로 보았으나, 기존주택의 연장으로 봄(예규변경).

새로운 예규 적용시기 : 2002.11.23 이후 최초로 양도하는 분부터 적용

과거 2002.11.23. 전에는 1세대 2주택인 자가 그 중 1주택이 재건축되어 준공되는 경우 준공시점에서 신규 주택을 취득한 것으로 보아 준공시점에서 다시 일시적 2주택을 판단하였습니다. 하지만, 그러할 경우 2주택 모두 비과세가 되는 사례가 있었고 그것은 1세대 1주택을 비과세하는 기본 취지와는 맞지 않았기 때문에 2002.11.23. 이후 양도하는 분부터 재건축한 주택은 신규 주택의 취득이 아닌 기존 주택의 연장으로 보아 일시적 2주택을 판단하도록 하였습니다.

따라서, 선생님의 경우 목동 아파트를 양도하는 경우 2주택자이고, 강남 아파트는 재건축되었지만 해당 주택의 취득일은 준공일인 2022.5.27.이 아닌 재건축되기 전 기존 주택의 취득일인 2013.6.5.이 되기 때문에 강남 아파트를 취득한 2013.6.5. 이후 2년이 훨씬 경과한 2022.10.20. 양도하는 것이기 때문에 일시적 2주택으로서 비과세를 적용받지 못합니다.

핵·심·포·인·트

조합원입주권으로 취득한 신규주택의 경우, 일시적 2주택 비과세 판단

신규 주택의 취득일은 준공시점이 아닌 기존 주택의 취득일이 되므로, 조정대상지역 내에서 기존 주택을 취득한 날부터 2년 이내에 종전 주택을 양도하여야 비과세를 적용받을 수 있음

똑똑한 재개발 재건축 절세법

Part III

재개발, 재건축 관련된 다양한 세무 이슈를 사례별로 알아볼까요?

13

높아지는 재건축부담금 양도시 비용인정 받을 수 있을까요?

재건축아파트의 큰 고민거리인 재건축부담금. 집값 상승에 재건축부담금이 껑충 뛰어 부담금 폭탄이 되었다는데, 재건축부담금이란 무엇일까요?

재건축부담금이란, 「재건축초과이익 환수에 관한 법률」에 따라 재건축으로 얻은 이득의 일부, 즉, 정상주택가격상승분을 초과하여 얻는 이득인 "재건축초과이익"을 재건축조합원이 납부하도록 한 것입니다.

이러한 재건축 초과이익 환수 제도는 주택가격의 안정과 사회적 형평을 도모하기 위해 2006년 고 노무현 대통령 때 생긴 제도인데, 수도권에서는 2006.9.25.(비수도권에서는 2009.7.1.) 이후 관리처분계획인가 신청한 주택재건축사업에 적용되었습니다.

하지만, 금융위기가 닥쳐오고 부동산시장이 급격히 침체되면서 2012.12.18. 법률을 개정하여 2017.12.31.까지 관리처분계획의 인가를 신청한 재건축사업에 대하여는 부담금을 면제했습니다(참고 : 「재건축초과이익 환수에 관한 법률」 제3조의2).

그 후 부동산시장이 과열되자 2017.8.2. '주택시장 안정화 방안'에 따라 재건축부담금의 면제 기간은 연장이 되지 않아 2018.1.1.부터 재건축 부담금이 다시 부과되었고, 2019.12.17.에는 5년 3개월의 심리 끝에 "재건축 초과이익환수 제도"가 합헌이며 조합원의 재산권을 침해하지 않는다는 헌법재판소의 결정이 내려지기도 했습니다.

그럼, 이러한 재건축부담금은 양도소득 계산시 필요비용으로 인정받을 수 있을까요?

그렇습니다. 재건축부담금은 양도소득 계산시 필요비용으로 공제받을 수 있습니다. 그 이유는 「소득세법」에서는 「재건축초과이익 환수에 관한 법률」에 따른 재건축부담금(재건축부담금의 납부의무자와 양도자가 서로 다른 경우에는 양도자에게 사실상 배분될 재건축부담금상당액을 말한다)은 양도소득세 계산시 자본적지출액 등으로서 비용인정받을 수 있도록 규정하고 있기 때문입니다(참고 : 「소득세법」 제97조 제1항 제2호, 「소득세법 시행령」 제163조 제3항 제3의3호.).

그럼, 참고적으로 재건축부담금의 산정방식에 대해 알아보도록 할까요?

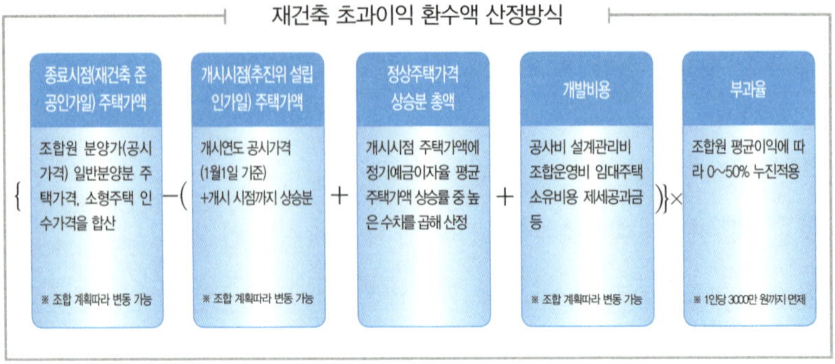

재건축부담금은 종료시점인 재건축 준공인가일의 부과대상 주택의 가격 총액에서 개시시점인 조합추진위원회 설립인가일의 부과대상 주택의 가액 총액과 정상주택가격상승분 총액, 개발비용을 모두 공제한 후에 조합원 평균이익에 따라 정하여진 부과율을 곱하여 산정하게 됩니다.

간단하게 예를 들어 조합원이 1,000명이고 개시시점의 조합원 1인당 평균 공시가격이 5억 원이며, 일반분양이 300명, 종료시점의 일반분양 1인당 평균 분양가격은 20억 원, 종료시점의 조합원 1인당 평균 공시가격은 15억 원, 정상주택가격 상승분은 3천억 원이며, 개발비용은 7천억 원이라고 가정한다면 재건축초과이익은 아래 표와 같이 6천억 원이며, 1인당 재건축부담금은 1인당 2억 6천 5백만 원이 됩니다.

구 분	계산과정	금액(백만 원)
종료시점 조합원 분양가(공시가격)	1,000명 × 15억 원	1,500,000
(+) 종료시점 일반분양분 주택가격	300명 × 20억 원	600,000
(=) 종료시점 주택가액		2,100,000
(−) 개시시점 주택가액	1,000명 × 5억 원	500,000
(−) 정상주택가격 상승분 총액		300,000
(−) 개발비용		700,000
(=) 재건축 초과이익		600,000
조합원 1인당 평균이익	6천억 원 ÷ 1,000명	600
재건축부담금	조합원 1인당 평균이익 × 부과율	265,000*
조합원 1인당 재건축부담금		265

* 2천만 원 × 1,000명 + (6억 원 − 1억 1천만 원) × 50% × 1,000명

| 재건축부담금 계산시 부과율 |

조합원 1인당 평균이익	부과율 및 부담금 산식
3천만 원 이하	면제
3천만 원 초과 ~ 5천만 원 이하	3천만 원 초과금액의 **10%** × 조합원수
5천만 원 초과 ~ 7천만 원 이하	200만 원×조합원수 + 5천만 원 초과금액의 **20%** × 조합원수
7천만 원 초과 ~ 9천만 원 이하	600만 원×조합원수 + 7천만 원을 초과하는 금액의 **30%** × 조합원수
9천만 원 초과 ~ 1억 1천만 원 이하	1,200만 원×조합원수 + 9천만 원을 초과하는 금액의 **40%** × 조합원수
1억 1천만 원 초과	2,000만 원×조합원수 + 1억 1천만 원을 초과하는 금액의 **50%** × 조합원수

여기에 최근 주택의 공시가격의 현실화율과 관련하여 재건축부담금이 현격히 증가할 수 있다고 하며 그 논란이 확대되었었는데요. 공시가격의 현실화율이란, 주택의 시세에 비해 턱없이 낮게 책정된 주택의 공시가격을 시세에 맞게 현실화시키겠다는 것인데요.

예를 들면, 2019년 이전 공동주택의 공시가격의 경우 그 반영률이 시세의 68.1% 정도로 낮게 형성되었었지만, 2019.12.16. 대책 발표에 따라 2020년 시세 9~15억 원의 공동주택의 공시가격은 시세의 70%, 15~30억 원의 공동주택의 공시가격은 시세의 75%, 30억 원 이상의 공동주택 공시가격은 시세의 80% 수준까지 반영하겠다고 한 것입니다.

따라서, 시세가 동일하더라도 공시가격의 현실화율이 높아지면 개시시점의 공시가격과 종료시점의 공시가격의 차이가 커지기 때문에 자연스레 재건축부담금이 늘어날 수밖에 없는 구조인 것입니다.

즉, 재건축부담금 산정식에서 재건축초과이익을 종료시점과 개시시점의 주택의 공시가격의 차이라고 했을 때 개시시점의 주택의 시세가 7억 원이고 공시가격이 시세의 68%인 4억 7천 6백만 원이었다면, 재건축 후 시세가 25억 원으로 올랐을 때, 공시가격이 여전히 시세의 68% 수준이라면 종료시점의 공시가격은 17억 원이므로 재건축초과이익은 12억 2천 4백만 원이 될 것입니다.

하지만, 공시가격의 현실화율이 75% 수준까지 오른다면 재건축 종료시점의 공시가격은 18억 7천 5백만 원이 되어 재건축초과이익은 13억 9천 9백만 원으로 1억 7천 5백만 원이나 증가하게 되는 것으로, 시세는 동일하지만 정부 정책에 따른 현실화율의 변화에 따라 재건축초과이익이 변동하게 되어 부담금을 더 내야 한다는 것에 대해 납세자들의 불만이 고조되었는데요.

이러한 문제점을 인지하여 2021.2.19. 시행된 재건축부담금 산정방식에서는 아래와 같이 개시시점 주택가액은 부과 종료시점 주택가액과 종료시점 실거래가격 비율을 적용하여 조정한 가액으로 적용할 수 있도록 계산방법을 개정하였습니다.

재건축부담금 = [종료시점 주택가액 – (조정된 개시시점 주택가액 + 정산주택가격상승분 총액 + 개발비용)] × 부과율

핵·심·포·인·트

재건축부담금의 필요경비 인정여부

재건축부담금은 양도소득 계산시 자본적지출액 등으로서 필요경비 인정됨

재건축부담금의 산정방식

재건축부담금 = [종료시점 주택가액 − (조정된 개시시점 주택가액 + 정상주택가격상승분 총액 + 개발비용)] × 부과율

14

12억 원 초과하는 조합원입주권도 장기보유특별공제 받을 수 있나요?

1세대 1조합원입주권인 경우, 비과세 받을 수 있는 요건은 4가지인데요(참고 : 「소득세법」 제89조 제1항 제4호 가목).

① 양도일 현재 거주자인 1세대가 국내에 조합원입주권 1개만을 보유하고 있어야 합니다.

② 조합원입주권은 「도시 및 주거환경정비법」 또는 「빈집 및 소규모주택 정비에 관한 특례법」에 따라 사업을 시행하는 정비사업조합의 조합원으로서 취득한 것이어야 합니다.

③ 조합원입주권은 「도시 및 주거환경정비법」에 따른 관리처분계획의 인가일 및 「빈집 및 소규모주택 정비에 관한 특례법」에 따른 사업시행계획인가일(인가일 전에 기존주택이 철거되는 때에는 기존주택의 철거일) 현재 기존주택이 아래와 같이 비과

세되는 1주택의 요건을 충족하여야 합니다.

가. 2년 이상 보유한 주택(2017.8.3. 이후 취득한 주택으로서 취득 당시 조정대상지역에 있는 주택의 경우 해당 주택의 보유기간이 2년 이상이고 그 보유기간 중 거주기간이 2년 이상이어야 함)이어야 합니다.

나. 주택의 부수토지는 건물이 정착된 면적에 아래의 배율을 곱한 면적 이내 토지여야만 합니다.

구분		주택부수토지
도시지역	수도권 내 토지 중 주거지역 · 상업지역 · 공업지역 내 토지	3배
	수도권 내 토지 중 녹지지역의 토지	5배
	수도권 밖의 토지	
도시지역 외 지역의 토지		10배

④ 해당 조합원입주권의 양도 당시의 실지거래가액의 합계액이 12억 원 이하여야 합니다.

그렇다면, 실지거래가액이 12억 원을 초과하는 조합원입주권에 대해 양도소득세는 어떻게 계산될까요? 사례를 통해 살펴보기로 하겠습니다.

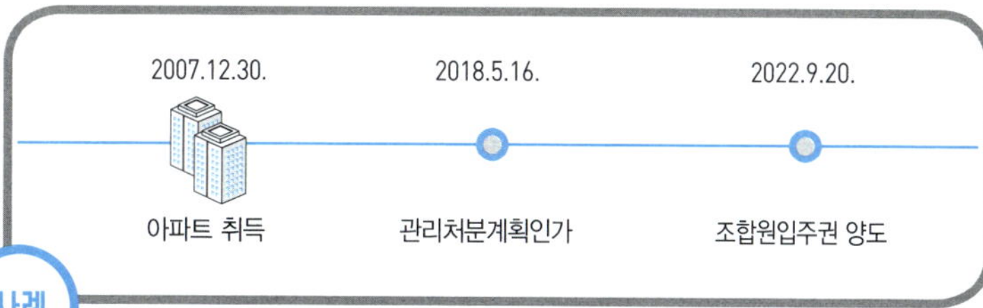

사례

서울에 살고 있는 63세 나성실씨.

2007.12.30. 서울 소재 아파트(건물:84㎡, 토지:39.4㎡)를 6억 원에 취득하였고, 해당 주택이 재건축승인되어 2018.5.16. 관리처분계획인가를 받았습니다. 기존주택의 평가액은 10억 원이었으며, 현재 공사 중이고 납부한 청산금은 1억 원, 조합원입주권은 2022.9.20. 14억 원(건물:85㎡, 토지:37.2㎡)에 양도할 계획입니다. 나성실씨는 해당 아파트를 취득한 이후 다른 주택을 취득한 적은 없었으며, 이주가 시작될 때까지 해당 아파트에 거주했습니다. 취득시 중개수수료 등 비용은 1천만 원이 들었으며, 양도시 중개수수료와 양도소득세 신고료 등 비용은 2천만 원이 예상됩니다.

나성실씨가 조합원입주권을 양도할 경우 양도소득세는 얼마나 나올까요?

나성실 회계사님, 저는 조합원입주권을 팔려고 하는데요. 조합원 입주권도 비과세 받을 수 있는 경우가 있더라고요. 저도 비과세 받을 수 있나요?

회계사 선생님이 주신 자료를 살펴보니

① 양도일 현재 거주자인 1세대가 국내에 조합원입주권 1개만을 보유하고 있고,

② 「도시 및 주거환경정비법」에 따른 재건축사업을 시행하는 정비사업조합의 조합원으로서 조합원입주권을 취득했고,

③ 「도시 및 주거환경정비법」에 따른 관리처분계획인가일 현재 2017.8.3. 이전 취득한 주택으로서 2년 이상 보유했고, 주택의 부수토지는 도시지역 중 수도권이므로 3배 이내이네요.

다만, 거래가액이 14억 원이라 12억 원을 초과하고 있기 때문에 전체를 비과세 받을 수는 없고, 12억 원 초과분에 대한 양도차익에 대해서는 양도소득세를 납부하여야 됩니다.

나성실 그래요? 전 거래가액이 12억 원을 초과해서 다 과세되는 줄 알고 걱정했는데 참 다행이네요. 그렇다면 저는 아파트를 14년 넘게 보유했거든요. 주택이라면 보유기간이 길면 길수

록 공제하는 금액이 커서 납부할 세금이 그렇게 크게 나오지는 않는다고 하던데 맞나요?

회계사 네, 주택으로서 보유기간이 길면 공제받을 수 있는 항목이 있는데 이를 장기보유특별공제라고 합니다. 주택과 같은 부동산의 경우 보유기간이 길면 길수록 소득의 누적효과가 커지고 이 누적된 소득은 해당 부동산이 양도될 때 일시에 실현됨으로써 높은 세율구간을 적용받게 되는데요. 이러한 소득의 누적효과를 일정부분 상쇄해 주는 것이 장기보유특별공제입니다. 따라서, 하기 [표1]과 같이 보유기간에 따라 해당되는 공제율을 적용하는데요.

[표1] 일반적인 경우 장기보유특별공제율

보유기간	3년 이상 4년 미만	4년 이상 5년 미만	5년 이상 6년 미만	6년 이상 7년 미만	7년 이상 8년 미만	8년 이상 9년 미만	9년 이상 10년 미만	10년 이상 11년 미만	11년 이상 12년 미만	12년 이상 13년 미만	13년 이상 14년 미만	14년 이상 15년 미만	15년 이상
공제율	6%	8%	10%	12%	14%	16%	18%	20%	22%	24%	26%	28%	30%

1주택만을 소유한 1세대가 해당 주택에서 2년 이상 거주하였다면, 하기 [표2]와 같이 그 공제율을 크게 높여 더 많은 혜택을 부여하고 있습니다.

[표2] 1세대 1주택 장기보유특별공제율

: 보유기간에 해당하는 공제율과 거주기간에 해당하는 공제율을 합산하여 장기보유특별공제율을 계산함. 예를 들어, 보유기간이 6년(24%)이고 거주기간이 4년(16%)인 경우, 40%의 장기보유특별공제율을 적용함

구 분		3년 이상 4년 미만	4년 이상 5년 미만	5년 이상 6년 미만	6년 이상 7년 미만	7년 이상 8년 미만	8년 이상 9년 미만	9년 이상 10년 미만	10년 이상
공제율	보유기간	12%	16%	20%	24%	28%	32%	36%	40%
	거주기간	12(8*)%	16%	20%	24%	28%	32%	36%	40%

* 보유기간이 3년 이상(12%)이고 거주기간이 2년 이상 3년 미만(8%)인 경우 20% 적용

다만, 조합원입주권으로 보유하고 있던 기간 동안의 양도차익에 대해서는 장기보유특별공제를 적용하지 않습니다(참고 : 「소득세법」 제95조 제2항).

나성실 회계사님, 그렇다면 저는 주택으로도 보유하고 있었고 현재는 주택이 멸실된 채 권리로만 보유하고도 있는데 양도소득세는 어떻게 계산되나요?

회계사 네, 선생님의 경우와 같이 주택을 가지고 있다가 관리처분계획인가를 받으면서 권리로 전환된 경우에는 주택으로 보유한 기간과 권리를 보유한 기간으로 우선 구분합니다.

그 다음 주택의 취득일부터 관리처분계획인가일 전까지의 양도차익에 대해서는 주택으로 보유한 기간으로 장기보유특별공제를 추가적으로 적용하게 됩니다.

그리고, 이때 적용할 장기보유특별공제율은 선생님의 경우 1주택을 소유한 1세대로서 해당 주택에 2년 이상 거주하였기 때문에 [표2]에 따른 공제율을 적용받을 수 있는데요, 아파트의 취득일인 2007.12.30.부터 관리처분계획인가일인 2018.5.16.까지 10년 이상 거주 및 보유하였기 때문에 양도차익의 80%를 장기보유특별공제로서 공제받을 수 있습니다.

(단위 : 원)

구 분	관리처분계획인가 전 양도차익	관리처분계획인가 후 양도차익	통 합
양도가액	1,000,000,000	1,400,000,000	1,400,000,000
취득가액	600,000,000	1,100,000,000(*1)	700,000,000(*2)
자본적지출 및 양도비용	10,000,000	20,000,000	30,000,000
양도차익	390,000,000	280,000,000	670,000,000
비과세양도차익	334,285,714(*4)	240,000,000(*5)	574,285,714(*3)
과세대상양도차익	55,714,286	40,000,000	95,714,286
장기보유특별공제(표2)	44,571,428(*6)	-	44,571,428
양도소득금액	11,142,858	40,000,000	51,142,858
양도소득기본공제			2,500,000
과세표준			48,642,858
세율(*7)			24%
누진공제			5,220,000
양도소득세액			6,454,280
지방소득세액			645,420
총납부세액			7,099,700

(*1) 기존주택의 평가액 10억 원 + 청산금 납부액 1억 원 = 11억 원

(*2) 취득가액 6억 원 + 청산금 납부액 1억 원 = 7억 원

(*3) 양도차익 670,000,000원 × (12억 원 / 양도가액 14억 원) = 574,285,714원

(*4) 비과세양도차익 574,285,714원 × (관리처분계획인가 전 양도차익 390,000,000원 / 전체 양도차익 670,000,000원) = 334,285,714원

(*5) 비과세양도차익 574,285,714원 × (관리처분계획인가 전 양도차익 280,000,000원 / 전체 양도차익 670,000,000원) = 240,000,000원

(*6) 과세대상 양도차익 55,714,286원 × 80%(10년 이상 거주 및 보유) = 44,571,428원

(*7) 양도소득세율

초과	미만	세율	누진공제
	1,200만 원	6%	–
1,200만 원	4,600만 원	15%	108만 원
4,600만 원	8,800만 원	24%	522만 원
8,800만 원	1억 5천만 원	35%	1,490만 원
1억 5천만 원	3억 원	38%	1,940만 원
3억 원	5억 원	40%	2,540만 원
5억 원	10억 원	42%	3,540만 원
10억 원		45%	6,540만 원

참고로, 2012년까지는 비과세대상 고가주택에 해당하는 조합원입주권의 경우 입주권을 고가주택으로 보아 취득일부터 양도일까지 양도차익 전체에 대해 장기보유특별공제를 하여야 한다는 조세심판원 해석(국심2005중1231, 2006.1.20.)이 있었고, 이 해석에 따라 양도차익의 전체에 대해서 장기보유특별공제를 적용하여 주던 적이 있었습니다.

하지만, 「소득세법」이 개정되어 2013.1.1. 이후 조합원입주권을 양도하는 경우 관리처분계획인가 전 토지분 또는 건물분의 양도차익으로 한정하도록 해석(조심2016서1621, 2016.6.14.)하고 있는바, 관리처분계획인가 전까지의 양도차익에 대해서만 장기보유특별공제를 적용하여야 한다는 점을 꼭 유념하시기 바랍니다.

▣ 조심2016서1621, 2016.6.14.

조합원입주권의 경우 「도시 및 주거환경정비법」 제48조에 따른 관리처분계획인가 전 토지분 또는 건물분의 양도차익으로 한정하고 있는바, 「소득세법」 제95조 제2항 단서에서 1세대 1주택의 경우 [표2]와 같이 보유기간별 공제율을 24~80%로 상향하여 적용하도록 한 것은 장기보유특별공제액의 범위를 확장한 것으로 관리처분계획인가 후의 양도차익에 대하여도 공제대상으로 적용한다는 의미는 아닌 것으로 보이므로 관리처분계획인가 후의 양도차익에 대하여도 장기보유특별공제를 적용하여야 한다는 경정청구를 거부한 처분은 잘못이 없음

핵·심·포·인·트

12억 원을 초과하는 조합원입주권의 장기보유특별공제 적용방법

관리처분계획인가일 전 주택으로 보유한 기간의 양도차익에 대해서만 주택의 취득일부터 관리처분계획인가일까지의 보유기간별 장기보유특별공제를 적용함

15

원조합원의 종전주택 취득가액을 알 수 없는 경우 어떡하나요?

주택을 구입한 시기가 오래되어 취득한 계약서를 분실하는 등 과거 주택의 취득가액을 알 수 없는 경우 또는 주택을 신축하여 공사 비용을 적절하게 입증할 수 없는 경우, 양도차익은 어떻게 구할 수 있을까요?

취득가액을 입증할 수 없다면 비용을 아예 인정받지 못하는 것일까요? 아니면 취득가액으로 신고한 가액은 다 인정받을 수 있을까요?

취득가액을 알 수 없을 경우, 취득가액은 어떻게 인정받을 수 있는지 구체적 사례를 통해 알아보도록 하겠습니다.

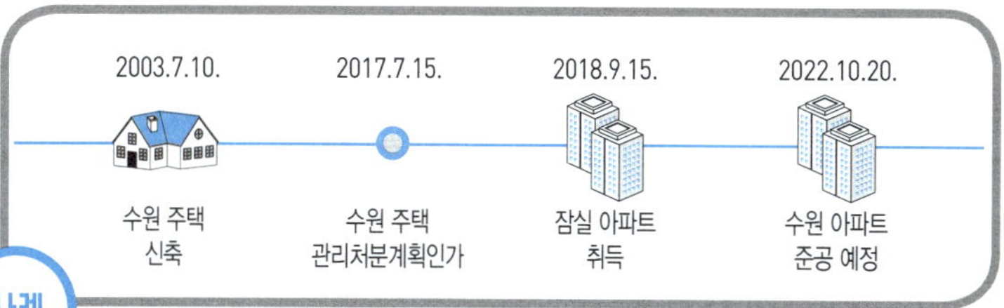

사례

60세 나성실씨.

2003.7.10. 경기도 수원에 단독주택을 신축하여 살던 중 2017.7.15. 해당 지역이 재개발 관리처분계획인가가 승인됨에 따라 2018.9.15. 서울 잠실소재 아파트를 취득 후 이주하여 현재까지 거주하고 있습니다.

수원에 있는 재개발 아파트는 2022.10.20. 준공예정인 바, 나성실씨는 2022.9.20. 조합원입주권 상태로 5억 원에 양도하고자 합니다.

관리처분계획인가일 당시 수원주택의 평가액은 2억 5천만 원이었으며 양도일까지 조합에 납부한 청산금은 5천만 원이며 증가된 토지면적은 없습니다.

나성실씨는 단독주택 신축시 토지비와 공사비로 1억 5천만 원을 지불하였으나 토지계약서는 분실하였고, 공사비는 개인 공사업자에게 현금으로 직접 지급하여 증빙은 거의 남아있지 않은 상황입니다.

취득시 수원의 단독주택 기준시가는 5천만 원이었으며, 관리처분계획인가일 당시 기준시가는 1억 3천만 원이었고, 양도시 양도경비는 500만 원 소요될 것으로 예상됩니다.

나성실씨는 얼마의 양도소득세를 내게 될까요?

나성실 회계사님, 제가 수원에 있는 재개발조합원입주권을 양도하려고 하는데요. 비과세 받을 수 있을까요?

회계사 아니요, 선생님의 경우, 비과세를 받을 수 없습니다.

나성실 정말 비과세가 안 되나요?

회계사 네, 조합원입주권 1개와 주택 1채를 보유하고 있는 경우 조합원입주권을 비과세 받기 위해서는 아래 3가지 요건이 충족되어야 하는데요(참고 : 「소득세법」 제89조 제1항 제4호 나목).

① 양도일 현재 조합원입주권 1개와 주택을 1채 소유한 상태로서 조합원입주권을 양도하여야 합니다. 단, 분양권을 보유하지 않아야 합니다.

② 해당 조합원입주권은 주택을 취득한 날부터 3년 이내에 양도하는 것이어야 합니다.

③ 관리처분계획인가일 현재 조합원입주권으로 변환되기 전 기존주택이 1주택 비과세 요건을 충족하고 있어야 합니다.

선생님의 경우 1주택을 취득한 2018.9.15.로부터 3년이 경과한 2022.9.20. 조합원입주권을 양도하는 경우이므로 비과세 대상에 해당되지 않습니다.

나성실 아, 역시 비과세가 안 되는군요. 그렇다면 양도소득세가 얼마 나오는지 알고 싶은데요. 어떤 자료들이 필요할까요?

회계사 조합원입주권에 대한 양도소득세를 계산하기 위해서는 관리처분계획인가일 이전의 종전주택의 취득가액, 관리처분계획인가일 당시의 종전주택에 대한 권리가액, 청산금 납부액, 취득시와 양도시 공인중개보수, 세무신고 대행보수를 포함한 필요경비, 자본적지출액 등이 필요합니다.

나성실 그런데, 회계사님, 저는 주택을 매매로 취득한 것이 아니라 토지를 구입해서 건물을 신축했는데요. 토지는 7천만 원에 구입했었고, 건물 공사비는 8천만 원 지출했었는데, 토지 계약서는 어디 갔는지 분실되었고, 건물은 그 당시 공사하는 분이 현금으로 거래하면 좀 더 싸게 해준다고 해서 공사비를 현금으로 직접 주고받아 공사비 자료가 없습니다. 어떻게 해야 하죠? 관련 은행기록도 너무 오래되서 찾아볼 수 없는데요.

회계사 취득시 실지거래가액을 알 수 없다면 세법상 매매사례가액, 감정가액 또는 환산취득가액을 순차적으로 적용한 금액을 사용하게 되는데요. 선생님의 경우 현재 적정한 매매사례가액 또는 감정가액을 적용하기 어렵다고 판단되므로 환산취득가액이라는 것을 사용하게 되는데요. 환산취득가액이란, 기존부동산의 평가액을 취득일과 관리처분계획인가일의 기존부동산 기준시가 비율로 환산한 것을 말합니다(참고 : 「소득세법」 제97조 제1항 제1호 나목, 「소득세법 시행령」 제163조 제12항, 「소득세법 시행령」 제176조의2 제2항 제2호).

말씀해 주신 것처럼, 관리처분계획인가일 당시 주택의 평가액은 2억 5천만 원이고, 취득시 단독주택 기준시가는 5천만 원이고, 관리처분계획인가일 당시 기준시가는 1억 3천만 원이라면, 환산취득가액은 아래와 같이 96,153,846원으로 계산됩니다.

$$\text{기존부동산평가액} \times \frac{\text{취득일 현재 기존부동산 기준시가}}{\text{관리처분일 현재 기존부동산 기준시가}}$$

$$250{,}000{,}000\text{원} \times \frac{50{,}000{,}000\text{원}}{130{,}000{,}000\text{원}} = 96{,}153{,}846\text{원}$$

나성실 회계사님, 저는 주택 취득에 1억 5천만 원이 실제 소요되었는데, 인정받을 수 있는 것은 9천 6백만 원밖에 안 되나요? 표준건축비도 있는데 표준건축비를 사용하면 취득가액이 더 높아지지는 않을까요?

회계사 네, 선생님께서 공사도급계약서, 세금계산서, 대금지급증빙 등에 의해 공사비를 입증할 수 있다면 실제 지출한 비용 전체를 취득가액으로 인정받을 수 있을 텐데요.

아쉽지만, 해당 증빙이 없는 상태에서 평당 표준건축비 등에 의해 산정하는 것은 실지로 거래된 가액에 해당하지 않습니다(국심 2000중0049, 2000.7.22.).

▣ 국심 2000중0049, 2000.7.22.

청구인이 제시하고 있는 건물의 신·증축비용은 평당 표준건축비인 193만 원을 기준으로 하였을 뿐 평당 건축비가 193만 원임을 입증할 수 있는 공사도급계약서등 객관적이고 구체적인 거증을 제시하지 못하고 있는 반면, 1993.5.24.자 쟁점부동산의 경매감정가액을 보면 토지의 감정가액은 475,673,272원이고 건물의 감정가액은 274,651,906원인 점 등으로 보아 청구인이 주장하는 건물의 취득가액은 신빙성이 없다고 판단된다. 따라서, 청구인이 주장하는 쟁점부동산의 취득가액이 신빙성이 없으므로 실지 양도차익을 산정할 수 없는 경우에 해당하여 처분청이 기준시가로 쟁점부동산의 양도차익을 산정하고 과세한 처분에 달리 잘못이 없다고 판단된다.

나성실 그렇군요. 이렇게 양도소득세를 내야 될 줄 알았다면 사전에 조금 더 증빙을 갖추어 두었어야 했는데, 그때는 당장 비용을 조금이라도 줄여볼까 해서 현금으로만 거래했던 것이 제 불찰이었네요. 그럼 회계사님, 양도소득세는 얼마 정도 나올까요?

회계사 우선 양도차익을 알아보아야 하는데요. 양도차익은 주택으로 보유하고 있을 때 증가한 가치분과 조합원입주권으로 보유하고 있을 때 증가한 가치분을 분리하여 각각의 양도차익을 계산한 후 이를 합한 금액을 전체 양도차익으로 합니다(참고 : 「소득세법 시행령」 제166조 제1항 제1호).

> 조합원입주권 양도차익 =
> 관리처분계획등 인가전 양도차익[주택(부동산)보유분 양도차익] +
> 관리처분계획등 인가후 양도차익[조합원입주권(권리)보유분 양도차익]

이렇게 구분하여 계산하는 이유는 취득일부터 관리처분계획인가일까지 주택으로 보유하고 있는 기간에 대해서는 장기보유특별공제를 적용할 수 있기 때문입니다.

1세대 1주택자가 아닌 경우 보유기간에 따른 장기보유특별공제율은 아래 [표1]과 같은데, 선생님의 경우 취득일인 2003.7.10.부터 관리처분계획인가일인 2017.7.15.까지 보유기간이 14년 이상 15년 미만에 해당하므로 28%의 장기보유특별공제를 적용받게 됩니다.

[표1] 일반적인 경우 장기보유특별공제율

보유기간	3년 이상 4년 미만	4년 이상 5년 미만	5년 이상 6년 미만	6년 이상 7년 미만	7년 이상 8년 미만	8년 이상 9년 미만	9년 이상 10년 미만	10년 이상 11년 미만	11년 이상 12년 미만	12년 이상 13년 미만	13년 이상 14년 미만	14년 이상 15년 미만	15년 이상
공제율	6%	8%	10%	12%	14%	16%	18%	20%	22%	24%	26%	28%	30%

또한, 필요경비는 종전부동산의 취득가액이 불분명하여 환산취득가로 계산하였기 때문에 관리처분계획등 인가 전 양도차익 즉, 주택(부동산)보유분 양도차익 계산시에는 취득시 기준시가의 3% (환산취득가액의 3%가 아님에 유의)를 개산 공제하며, 관리처분계획등 인가 후 양도차익, 즉, 조합원입주권(권리)보유분 양도차익에 대해서는 실제 지급된 필요경비 및 양도비를 차감합니다.

상기에 따라 아래와 같이 계산해 보면 납부해야 할 양도소득세 (지방소득세 포함)는 105,023,250원입니다.

구 분	관리처분계획인가 전 양도차익	관리처분계획인가 후 양도차익	통 합
양도가액	250,000,000	500,000,000	500,000,000
(-) 취득가액	96,153,846(*1)	300,000,000(*2)	146,153,846(*3)
(-) 자본적지출 및 양도비용	1,500,000(*4)	5,000,000	6,500,000
(=) 양도차익	152,346,154	195,000,000	347,346,154
(-) 비과세양도차익	-	-	-
(=) 과세대상양도차익	152,346,154	195,000,000	347,346,154
(-) 장기보유특별공제	42,656,923(*5)	-	42,656,923
(=) 양도소득금액	109,689,231	195,000,000	304,689,231
(-) 양도소득기본공제			2,500,000
(=) 과세표준			302,189,231
(x) 세율(*6)			40%
(-) 누진공제(*6)			25,400,000
(=) 양도소득세액			95,475,690
(+) 지방소득세액			9,547,560
(=) 총납부세액			105,023,250

(*1) 기존주택의 평가액 250,000,000원 + (취득일 현재 기존부동산기준시가 50,000,000원 / 관리처분일 현재 기존부동산기준시가 130,000,000원) = 96,153,846원

(*2) 기존주택의 평가액 250,000,000원 + 청산금 납부액 50,000,000원 = 300,000,000원

(*3) 환산취득가액 96,153,846원(환산취득가액) + 청산금 납부액 50,000,000원 = 146,153,846원

(*4) 취득시 기존부동산 기준시가 50,000,000원 × 필요경비 개산공제율 3% = 1,500,000원

(*5) 과세대상 양도차익 152,346,154원 × 장기보유특별공제율 28%(14년 이상 15년 미만) = 42,656,923원

(*6) 양도소득세율

초과	미만	세율	누진공제
	1,200만 원	6%	-
1,200만 원	4,600만 원	15%	108만 원
4,600만 원	8,800만 원	24%	522만 원
8,800만 원	1억 5천만 원	35%	1,490만 원
1억 5천만 원	3억 원	38%	1,940만 원
3억 원	5억 원	40%	2,540만 원
5억 원	10억 원	42%	3,540만 원
10억 원		45%	6,540만 원

핵·심·포·인·트

조합원입주권 양도할 때, 기존부동산의 실지취득가액을 알 수 없는 경우 취득가액 산정방법

매매사례가액 → 감정가액 → 환산취득가액을 순차적으로 적용한 금액

환산취득가액을 적용할 경우에는 기존부동산 평가액을 취득일과 관리처분계획인가일의 기존부동산 기준시가 비율로 환산한 환산취득가액을 사용함

$$\text{기존부동산평가액} \times \frac{\text{취득일 현재 기존부동산 기준시가}}{\text{관리처분일 현재 기존부동산 기준시가}}$$

조합원입주권의 양도차익 산정방법

조합원입주권의 양도차익은 주택으로 보유하고 있을 때 증가한 가치분과 조합원입주권으로 보유하고 있을 때 증가한 가치분을 분리하여 각각의 양도차익을 계산한 후 이를 합한 금액을 전체 양도차익으로 함

조합원입주권 양도차익 =
관리처분계획등 인가전 양도차익[주택(부동산)보유분 양도차익] + 관리처분계획등 인가후 양도차익[조합원입주권(권리)보유분 양도차익]

조합원입주권의 장기보유특별공제 적용방법

취득일부터 관리처분계획인가일까지 주택으로 보유하고 있는 기간에 대하여 장기보유특별공제를 적용함

16

청산금만 수령했을 뿐인데, 양도소득세를 내야 한다고요?

재개발 재건축 조합원의 경우 관리처분계획에 따라 본인이 신청한 아파트의 조합원 분양가보다 종전부동산의 평가액이 더 큰 경우, 그 차액에 대해 환급을 받게 되는데요. 이를 청산금이라고 합니다.

그런데, 이러한 청산금을 지급받는 경우, 양도소득세를 내야 한다고 하는데요. 구체적인 사례를 통해 살펴보기로 하겠습니다.

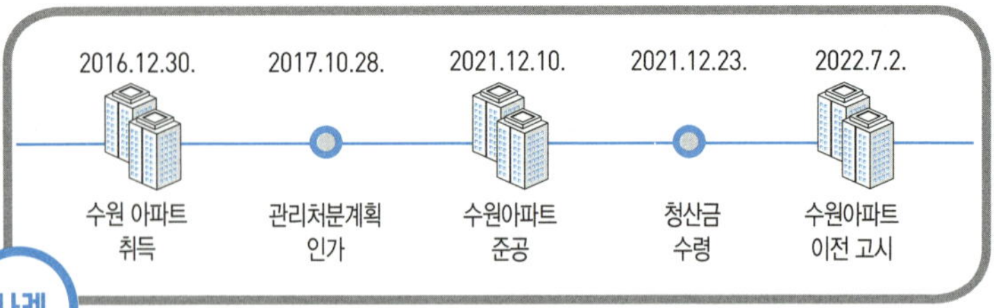

사례

서울에 살고 있는 35세 나성실씨.

2016.12.30. 수원 소재 아파트를 2억 원에 취득하였고, 해당 주택이 재건축승인되어 2017.10.28. 관리처분계획인가를 받았습니다. 종전주택의 평가액은 4억 원이었으며, 나성실씨는 조합으로부터 2021.12.23. 청산금 1억 원을 지급받았습니다. 수원 아파트의 준공일은 2021.12.10.이며, 소유권 이전고시일은 2022.7.2.입니다.

나성실씨는 수원 아파트를 취득한 이후 다른 주택을 취득한 적은 없었으나, 수원 소재 아파트에는 거주하지 않았습니다. 취득시 기타필요경비는 6백만 원이 지급되었습니다.

나성실씨는 청산금 수령 후 양도소득세 신고납부 안내를 받았는데요. 양도하지도 않은 아파트에 양도소득세를 신고납부하라고 하는데 어떤 일일까요?

나성실 회계사님, 제가 가지고 있는 아파트가 재건축되었을 뿐인데 조합에서 저보고 양도소득세를 납부하라고 안내를 받았는데요. 왜 제가 양도소득세를 납부해야 하는 거죠? 양도소득세는 아파트를 팔았을 때 내는 세금 아닌가요? 저는 아파트를 취득한 것이지 양도한 것이 아닌데 양도소득세를 내라는 것이 도무지 이해가 되지 않습니다.

회계사 네, 선생님의 경우 아파트를 양도하지 않으셨습니다. 다만, 기존 건물과 부수토지 평가액이 신축주택의 조합원 분양가액을 초과해서 조합으로부터 청산금을 지급받으셨는데요. 「소득세법」에서는 청산금을 지급받은 경우 사실상 기존주택의 일부를 유상으로 양도한 것으로 보고 있습니다. 즉, 선생님이 가지고 있었던 기존주택의 일부를 청산금을 받고 팔았으므로 매각한 부분에 대해서는 양도소득세를 내야 한다는 것입니다.

나성실 그런 의미였군요. 그렇다면 양도소득세는 언제까지 내야 하는 건가요?

회계사

지급받은 청산금의 경우 소유권이전 고시일의 다음날이 속하는 달의 말일부터 2개월 이내에 신고하고 납부하면 됩니다. 수원 아파트의 소유권이전 고시일은 2022.7.2.이었으므로 소유권이전 고시일의 다음날인 2022.7.3.이 속하는 달의 말일인 2022.7.30.부터 2개월 이내인 2022.9.30.까지 신고하고 납부하면 됩니다.

참고적으로, 청산금에 상당하는 기존주택의 양도시기는 종전 집행기준에서는 대금을 청산하는 날인 2021.12.23.로 보았었으나, 현재 집행기준에서는 소유권 이전고시가 있은 날의 다음날로 변경되었음을 유의하기 바랍니다(참고 : 「소득세법」 집행기준 98-162-14).

▣ 「소득세법」 집행기준 98-162-14【교부받은 청산금의 양도시기】

(2018-09-05 개정)

「도시 및 주거환경정비법」에 의한 주택재건축사업에 참여하여 당해 조합에 기존건물(그 부수토지를 포함. 이와 같음)을 제공하고 기존건물의 평가액과 신축건물의 분양가액에 차이가 있어 청산금을 수령한 경우 해당 청산금에 상당하는 기존 건물의 양도시기는 「소득세법」 제98조에 따라 같은 법 시행령 제162조 제1항 각 호의 어느 하나에 해당하는 경우를 제외하고는 대금을 청산하는 날이다.

▣ 「소득세법」 집행기준 98-162-14【교부받은 청산금의 양도시기】

(2020-10-28 개정)

「도시 및 주거환경정비법」에 의한 재건축사업에 참여하여 당해 조합에 기존 건물(그 부수토지를 포함. 이와 같음)을 제공하고 기존건물의 평가액과 신축건물의 분양가액에 차이가 있어 청산금을 수령한 경우 해당 청산금에 상당하는 기존 건물의 양도시기는 소유권 이전고시가 있은 날의 다음 날이다.

나성실 아, 그렇군요. 하지만, 회계사님 저는 집이 이 집 한 채밖에 없었는데 비과세 혜택은 못 받나요?

회계사 청산금의 1세대 1주택 비과세를 적용받기 위해서는 양도일 현재 1세대가 1주택을 보유하고, 관리처분계획인가일 현재 기존주택을 2년 이상 보유하였어야 하는데요(참고 : 「소득세법」 집행기준 100-166-4, 서면-2016-부동산-4814, 2016.12.2.).

▣ 「소득세법」 집행기준 100-166-4【재개발 · 재건축관련 청산금을 수령한 경우】

(2020-10-28 개정)

주택재개발 정비사업조합에 참여한 조합원이 교부받은 청산금 상당액은 양도소득세 과세대상이며, 그 청산금에 상당하는 종전의 주택(그 딸린 토지 포함)이 1세대 1주택 비과세 요건을 충족한 경우에는 양도소득세가 과세되지 아니한다.

▣ 서면-2016-부동산-4814, 2016.12.2.

「도시 및 주거환경정비법」에 따라 주택재건축사업을 시행하는 정비사업조합의 조합원이 종전주택을 당해 조합에 제공하고 청산금을 수령한 경우 그 청산금의 1세대 1주택 비과세는 양도일 현재를 기준으로 적용하는 것이나, 3년 미만 보유하던 종전주택을 당해 조합에 제공한 경우 그 청산금은 「소득세법 시행령」(2012.6.29. 개정되기 전의 것) 제154조 제1항의 1세대 1주택 비과세 요건을 충족하지 아니함. 또한, 지급받은 청산금의 양도차익 계산은 소득세법 제95조 제3항 및 같은 법 시행령 제160조 제1항 제1호의 규정을 적용하는 것임.

선생님의 경우 양도일 현재 1세대 1주택에는 해당합니다. 하지만, 기존주택의 취득일이 2016.12.30.이고 관리처분계획인가일이 2017.10.28.이기 때문에 관리처분계획인가일 현재 기존주택의 보유기간이 2년이 되지 않습니다. 따라서, 양도소득세가 과세됩니다.

나성실 비과세를 못 받는다면 제가 얻은 이익은 얼마나 되나요?

회계사 선생님이 얻은 양도차익은 양도가액에서 취득가액과 필요경비를 차감해서 구하는데요. 청산금을 지급받는 경우에 있어, 양도가액은 지급받은 청산금이 됩니다. 그리고, 취득가액과 필요경비는 아래와 같이 기존주택의 평가액에서 지급받은 청산금의 비율을 곱한 금액이 됩니다. 계산해 보면 선생님이 얻은 양도차익은 아래와 같이 48,500,000원이 되겠네요(참고 : 「소득세법」 집행기준 100-166-10).

▣ 「소득세법」 집행기준 100-166-10 (지급받은 청산금의 양도차익 계산방법)

□ 지급받은 청산금의 양도차익

- ○ 양도가액 = 지급받은 청산금
- ○ 취득가액 = (기존건물과 딸린 토지의 취득가액 + 필요경비 등) × (청산금 수령액 /기존건물과 딸린 토지의 평가액)

| 사 례 |

- ○ 기존주택 및 딸린 토지의 취득가액 : 5천만 원, 평가액 : 1억 2천만 원
- ○ 지급받은 청산금 : 2천만 원
  - ☞ 지급받은 청산금의 양도차익 11,667,000원 = 2천만 원 – [5천만 원 × (2천만 원/1억 2천만 원)]

① 양도가액(지급받은 청산금) : 100,000,000원

② 취득가액 : 기존주택 취득가액 × $\frac{\text{지급받은 청산금}}{\text{기존주택평가액}}$

$$= \text{2억 원} \times \frac{\text{1억 원}}{\text{4억 원}} = \text{50,000,000원}$$

③ 기타 필요경비 : 기존주택 기타필요경비 × $\frac{\text{지급받은 청산금}}{\text{기존주택평가액}}$

$$= 6{,}000{,}000 \times \frac{\text{1억 원}}{\text{4억 원}} = \text{1,500,000원}$$

④ 지급받은 청산금의 양도차익 : 양도가액 – 취득가액 – 기타 필요경비

= 100,000,000원 – 50,000,000원 – 1,500,000원

= 48,500,000원

나성실 아, 제가 얻은 이익은 그렇게 구하는군요. 회계사님 그런데, 양도소득세 계산할 때 3년 이상 부동산을 보유하면 장기보유특별공제 해 주잖아요. 하지만, 저는 주택을 취득한 후 1년이 채 지나지 않아 관리처분계획인가가 났으니 장기보유특별공제는 적용받지 못하겠지요?

회계사 아니요, 그렇지 않습니다. 주택의 비과세를 판단할 때에는 주택의 취득일부터 관리처분계획인가일까지이지만, 장

기보유특별공제 적용시 보유기간은 주택의 취득일부터 양도일까지인데요. 수원 주택의 취득일은 2016.12.30.이고, 양도일은 2022.7.3.로 5년 이상 6년 미만 보유하였으므로 아래 [표1]에 따라 10%의 장기보유특별공제를 받을 수 있습니다.

[표1] 일반적인 경우 장기보유특별공제율

보유기간	3년 이상 4년 미만	4년 이상 5년 미만	5년 이상 6년 미만	6년 이상 7년 미만	7년 이상 8년 미만	8년 이상 9년 미만	9년 이상 10년 미만	10년 이상 11년 미만	11년 이상 12년 미만	12년 이상 13년 미만	13년 이상 14년 미만	14년 이상 15년 미만	15년 이상
공제율	6%	8%	10%	12%	14%	16%	18%	20%	22%	24%	26%	28%	30%

나성실 저도 장기보유특별공제를 받을 수 있다고요? 잘 되었네요. 그렇다면 생각보다 양도소득세가 적게 나올 수 있겠는데요. 얼마 정도 나올까요?

회계사 먼저 말씀드린 내용을 가지고 아래와 같이 양도소득세를 계산해 본다면 납부할 세금은 5,601,750원(지방소득세 포함)입니다.

구 분	금액(원)	계산식
양도가액	100,000,000	청산금수령액
(-) 취득가액	50,000,000	2억 원×1억 원/4억 원
(-) 기타필요경비	1,500,000	6백만 원×1억 원/4억 원
(=) 양도차익	48,500,000	
(-) 비과세양도차익	-	
(=) 과세대상양도차익	48,500,000	
(-) 장기보유특별공제	4,850,000	4,850만 원×10%
(=) 양도소득금액	43,650,000	
(-) 양도소득기본공제	2,500,000	연 250만 원
(=) 과세표준	41,150,000	
(x) 세율[*1]	15%	
(-) 누진공제[*1]	1,080,000	
(=) 양도소득세액	5,092,500	
(+) 지방소득세액	509,250	
(=) 총납부세액	5,601,750	

[*1] 양도소득세율표

초과	미만	세율	누진공제
	1,200만 원	6%	-
1,200만 원	4,600만 원	15%	108만 원
4,600만 원	8,800만 원	24%	522만 원
8,800만 원	1억 5천만 원	35%	1,490만 원
1억 5천만 원	3억 원	38%	1,940만 원
3억 원	5억 원	40%	2,540만 원
5억 원	10억 원	42%	3,540만 원
10억 원		45%	6,540만 원

핵·심·포·인·트

● 청산금을 수령한 경우 양도시기

소유권 이전고시일의 다음날임

● 청산금을 수령한 경우 주택수 판단

소유권 이전고시일의 다음날로 주택수를 판단함

● 청산금을 수령한 경우 기존 주택 비과세 판단

1주택 비과세 보유기간(현행 2년) 판단은 기존주택의 취득일부터 관리처분계획인가일까지 계산하며, 2017.8.3. 이후 조정대상지역 취득분은 거주기간 2년도 필요함

● 청산금을 수령한 경우 양도차익 계산방법

$$청산금\ 수령액 - (취득가액 + 필요경비) \times \frac{청산금\ 수령액}{기존주택\ 평가액}$$

● 청산금을 수령한 경우 장기보유특별공제 적용방법

기존주택의 취득일부터 양도일(소유권 이전고시일의 다음 날)까지의 기간에 대하여 장기보유특별공제율을 적용함

17

청산금 납부한 조합원입주권 양도소득세는 어떻게 계산할까요?

토지 또는 건축물을 분양받은 조합원이 분양받은 토지 또는 건축물의 가격과 기존에 소유하고 있던 토지 또는 건축물의 가격 사이에 차이가 발생하는 경우, 조합은 그 차액을 이전고시가 있은 후에 조합원에게 별도 징수하거나 지급하여야 하는데요. 이 금액을 청산금이라고 부릅니다.

이러한 청산금은 조합의 정관에서 분할징수 및 분할지급을 정하고 있거나, 총회의 의결을 거쳐 따로 정한 경우에는 관리처분계획인가 후부터 이전고시가 있은 날까지 일정 기간별로 분할징수하거나 분할지급할 수 있습니다.

그렇다면 청산금 중 일부를 납부한 원조합원이 조합원입주권을 양도하고자 하는 경우, 세금은 어떻게 계산될까요? 구체적 사례를 통해 알아보도록 하겠습니다.

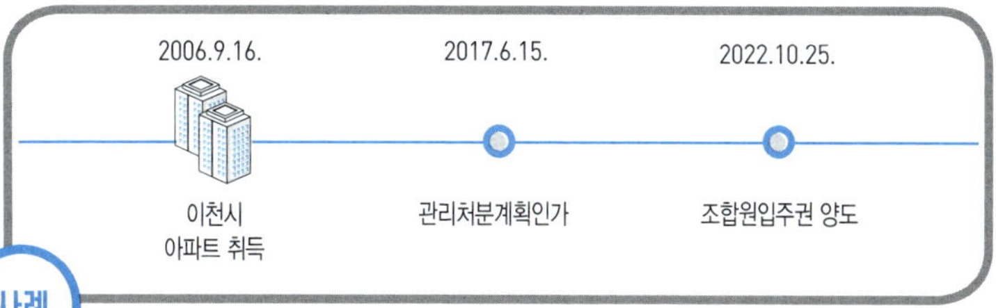

사례

서울과 경기도 이천시에 주택을 2채 가지고 있는 43세 나성실씨.

나씨는 이천시 아파트(건물:84㎡, 토지:39.4㎡)를 2006.9.16.에 2억 원에 취득한 후 임대를 주고 있었는데 해당 아파트의 재개발이 진행됨에 따라 나씨는 조합원이 되었습니다. 관리처분계획인가일은 2017.6.15.이었으며, 나씨는 조합원입주권(신청 건물:108.3㎡, 토지:38.7㎡)을 2022.10.25. 6억 원에 양도하고자 합니다.

기존 주택의 평가액은 3억 원이며, 양도 전까지 납부한 청산금은 5천만 원입니다.

취득시 자본적지출 등 필요경비는 6백만 원이며, 양도비용은 1천만 원입니다.

양도소득세는 얼마나 나올까요?

나성실 회계사님, 저는 2022.10.25. 조합원입주권을 양도하려고 하는데요. 양도소득세는 얼마나 나올까요?

회계사 세금은 약 1억 1천만 원 나옵니다.

나성실 네? 제가 이 집을 보유한 지 15년이 넘는데도 그렇게 세금이 많이 나오나요? 제가 인터넷으로 계산해 보니까 세금이 약 7천 6백만 원 정도던데요.

회계사 네, 아마도 선생님이 인터넷으로 계산한 방법은 일반적인 주택의 양도소득세 계산방법으로 전체 양도차익에 대하여 장기보유특별공제를 적용한 것 같습니다. 하지만, 조합원입주권을 양도하는 경우에는 일반적인 주택의 양도소득세 계산방법과는 다르게 계산됩니다.

나성실 양도소득세가 다르게 계산된다고요? 어떻게 세금이 계산되는데요?

회계사 「소득세법」에서 재개발 재건축사업의 조합원입주권은 관리처분계획인가일을 기준으로 관리처분계획인가일 전은 주택으로, 관리처분계획인가일 후는 주택을 취득할 수 있는 권리로 보고 있는데요.

양도차익을 계산할 때는 아래와 같이 주택(부동산)으로 보유하고 있을 때 증가한 가치분인 ①관리처분계획등 인가전 양도차익과 조합원입주권(권리)으로 보유하고 있을 때 증가한 가치분인 ②관리처분계획등 인가후 양도차익을 분리하여 이를 합한 금액을 전체 양도차익으로 합니다(참고 : 「소득세법 시행령」 제166조 제1항 제1호).

> 양도차익 = ①관리처분계획등 인가전 양도차익
> + ②관리처분계획등 인가후 양도차익

그렇다면 선생님의 경우 양도차익을 어떻게 계산하여야 하는지 구체적으로 살펴볼까요?

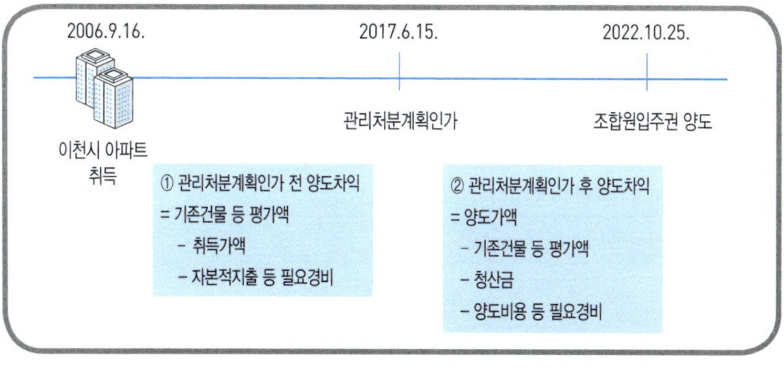

먼저 ① 관리처분계획인가 전 양도차익입니다. 이 기간은 주택으로 보유하고 있던 기간 동안의 양도차익으로서 기존건물 등 평가액에서 취득가액과 취득세 등 필요경비를 차감해서 계산하게 됩니다.

다음으로 ② 관리처분계획인가 후 양도차익입니다. 이 기간은 조합원입주권으로 보유하고 있던 기간 동안의 양도차익으로서 양도가액에서 기존건물 등 평가액과 납부한 청산금, 양도시 들어간 비용을 차감해서 계산하게 됩니다.

이렇게 관리처분계획인가 전과 후를 구분하여 계산하는 이유는 장기보유특별공제 때문인데요. 장기보유특별공제는 주택(부동산)으로 보유하고 있는 기간에 대해서만 적용하기 때문입니다. 다만, 해당 주택이 미등기주택이었거나 조정대상지역 내 중과대상 주택에 해당하는 경우 장기보유특별공제는 적용되지 않습니다.

그리고, 조합원입주권으로 보유하고 있던 기간 동안의 양도차익에 대해서는 장기보유특별공제를 적용하지 않습니다.

재개발 재건축 주택 취득시점	장기보유특별공제
관리처분계획인가일부터 소급하여 3년 이상	공 제
관리처분계획인가일부터 소급하여 3년 미만	불공제
관리처분계획인가일 이후	불공제

나성실 회계사님, 그럼 제 세금은 어떻게 나오나요?

회계사 선생님의 경우, 원조합원이고, 양도하는 조합원입주권 또한 조정대상지역이 아니므로 관리처분계획인가 전 주택 보유기간에 대해 장기보유특별공제를 적용받을 수 있는데요.

양도차익을 계산해 보면 관리처분계획인가 전 주택으로서의 양도차익은 아래 계산내역에서와 같이 9천 4백만 원, 관리처분계획인가 후의 권리로서의 양도차익은 2억 4천만 원이 됩니다. 그리고, 장기보유특별공제는 주택으로서의 보유기간에 대해서만 적용되므로 보유기간 10년 이상 11년 미만(2006.9.16.~2017.6.15.) 공제율 20%가 적용되어 납부할 양도소득세는 109,648,000원(지방소득세 포함)이 되는 것입니다.

(단위 : 원)

구분	관리처분계획인가 전 양도차익	관리처분계획인가 후 양도차익	합 계
양도가액	300,000,000[*2]	600,000,000	600,000,000[*1]
(-) 취득가액	200,000,000	350,000,000[*3]	250,000,000[*4]
(-) 자본적지출 및 양도비용	6,000,000	10,000,000	16,000,000
(=) 양도차익	94,000,000	240,000,000	334,000,000
(-) 비과세양도차익	-	-	-
(=) 과세대상양도차익	94,000,000	240,000,000	334,000,000
(-) 장기보유특별공제	18,800,000[*5]	-	18,800,000
(=) 양도소득금액	75,200,000	240,000,000	315,200,000
(-) 양도소득기본공제			2,500,000
(=) 과세표준			312,700,000
(x) 세율[*6]			40%
(-) 누진공제[*6]			25,400,000
(=) 양도소득세액			99,680,000
(+) 지방소득세액			9,968,000
(=) 총납부세액			109,648,000

[*1] 양도가액 600,000,000원

[*2] 기존주택 평가액 300,000,000원

[*3] 기존주택 평가액 300,000,000원 + 청산금 납부액 50,000,000원 = 350,000,000원

[*4] 취득가액 200,000,000원 + 청산금 납부액 50,000,000원 = 250,000,000원

[*5] 양도차익 94,000,000원 × 20%([표1] 10년 이상 11년 미만) = 18,800,000원

[*6] 양도소득세율

초과	미만	세율	누진공제
	1,200만 원	6%	-
1,200만 원	4,600만 원	15%	108만 원
4,600만 원	8,800만 원	24%	522만 원
8,800만 원	1억 5천만 원	35%	1,490만 원
1억 5천만 원	3억 원	38%	1,940만 원
3억 원	5억 원	40%	2,540만 원
5억 원	10억 원	42%	3,540만 원
10억 원		45%	6,540만 원

선생님이 이천 소재 집을 취득한 기간은 15년이 넘지만, 계산식에서 보는 바와 같이 조합원입주권으로 보유하고 있을 때 증가한 가치분이 주택으로 보유하고 있을 때 증가한 가치분보다 더 큰데, 장기보유특별공제는 주택으로 보유한 기간 동안만 적용되어 공제되기 때문에 세금이 주택으로 계산했을 때보다 많이 계산되는 것입니다.

[표1] 일반적인 경우 장기보유특별공제율

보유기간	3년 이상 4년 미만	4년 이상 5년 미만	5년 이상 6년 미만	6년 이상 7년 미만	7년 이상 8년 미만	8년 이상 9년 미만	9년 이상 10년 미만	10년 이상 11년 미만	11년 이상 12년 미만	12년 이상 13년 미만	13년 이상 14년 미만	14년 이상 15년 미만	15년 이상
공제율	6%	8%	10%	12%	14%	16%	18%	20%	22%	24%	26%	28%	30%

핵·심·포·인·트

청산금을 납부한 경우 양도차익 계산

「소득세법」 집행기준 100-166-5【청산금을 납부한 재개발·재건축 관련 입주권의 양도차익】

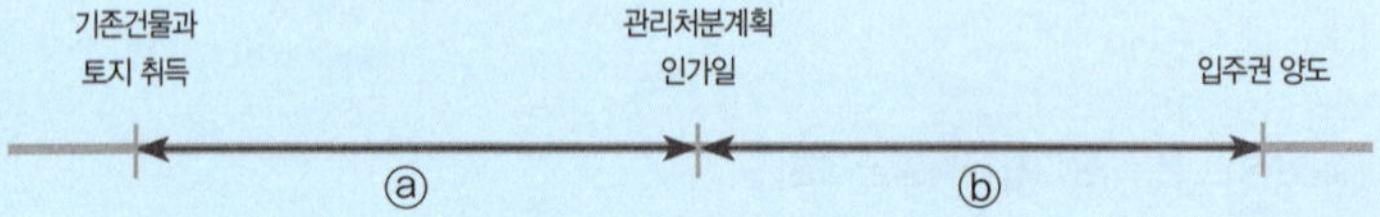

□ 청산금을 납부한 경우 = ⓐ + ⓑ

ⓐ 관리처분계획인가 전 양도차익

= 기존건물과 딸린 토지의 평가액－기존건물과 딸린 토지의 취득가액 － 필요경비 등

ⓑ 관리처분계획인가 후 양도차익

= 양도가액 － (기존건물과 딸린 토지의 평가액+납부한 청산금) － 필요경비 등

조합원입주권의 장기보유특별공제 적용방법

취득일부터 관리처분계획인가일까지 주택으로 보유하고 있는 기간에 대하여 장기보유특별공제를 적용함

18

원조합원이 1세대 1주택 비과세 신축주택 양도시 양도소득세는 어떻게 계산하나요?

재개발 재건축주택은 기존주택이 사라지고 신축주택을 취득함에 따라 자산별 취득시기가 여러 형태로 존재하여 그 양도차익을 산정하기가 쉽지 않습니다.

그렇다면, 원조합원이 재개발 재건축사업으로 취득한 신축주택을 양도하는 경우 양도소득세는 어떻게 계산할 수 있을까요? 더욱이 1세대 1주택 고가주택인 경우 12억 원까지 비과세되는 금액은 어떻게 산정할 수 있을까요? 구체적인 사례를 통해 자세히 살펴보도록 하겠습니다.

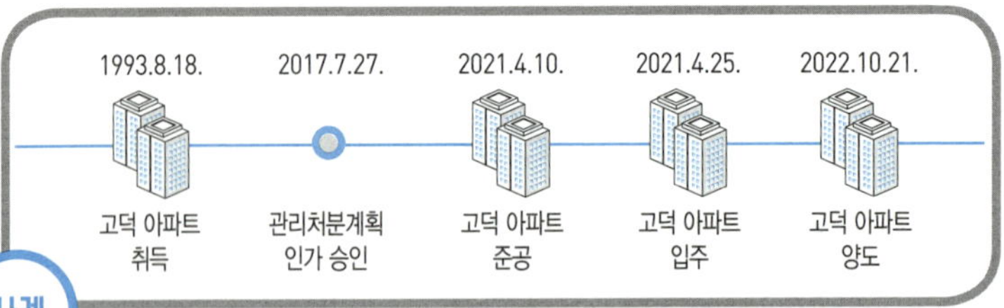

사례

63세 나성실씨.

1993.8.18. 서울시 고덕동에 있는 아파트를 매입하여 거주하던 중 2017.7.27. 재건축 관리처분계획인가가 승인됨에 따라 다른 아파트로 전세로 이주하였다가 신축 아파트가 2021.4.10. 준공되어 2021.4.25. 입주를 하였습니다.

고덕동 아파트의 취득가액은 8천만 원이었으며, 관리처분계획인가시 평가액은 6억 원이었고, 전용면적 84㎡ 아파트의 조합원분양가액은 7억 원으로 1억 원을 추가 납부하였습니다.

나성실씨는 해당 아파트를 2022.10.21. 15억 원에 양도하려고 하는데 얼마의 양도소득세를 내게 될까요? 부수토지 증가분과 필요경비는 없습니다.

나성실 회계사님, 제가 고덕에 재건축된 신축아파트로 2021.4.25. 입주했는데요, 신축되고 나서는 아직 2년을 거주하지 못했거든요. 서울에서 새로 취득한 아파트는 2년 거주해야 비과세가 된다고 하던데, 저는 주택이 1채임에도 불구하고 비과세를 받지 못하는 것인가요?

회계사 아닙니다.

2017.8.3. 이후 조정대상지역 내 취득하는 주택의 경우에는 기존의 1세대 1주택 비과세 요건에 2년 이상 거주요건이 추가된 것은 사실이나, 선생님의 경우는 1993.8.18. 취득한 기존주택이 재건축된 것으로 2년 이상 거주요건이 적용되지 않기 때문에 주택을 취득한 날부터 2년 이상 보유요건만 충족하면 되는데, 선생님의 경우 2년 이상 보유하였기 때문에 12억 원까지는 1세대 1주택으로서 비과세를 받을 수 있습니다.

나성실 아, 저도 비과세 받을 수 있군요. 그런데, 재건축아파트는 양도소득세 계산방식이 복잡하다고 하던데 어떻게 계산되나요?

회계사 네, 재건축아파트의 경우 양도소득세를 계산하는 것이 그리 단순하지만은 않은데, 그 이유는 자산변환시점에 따라 양도차익을 별도로 구하여야 하기 때문입니다.

먼저, 신축주택의 양도가액에서 기존주택의 취득가액과 청산금 납부액을 차감하여 양도차익의 총액을 구합니다.

신축주택의 양도차익
= 양도가액 - 기존주택의 취득가액 - 청산금 납부액
= 1,500,000,000원 - 80,000,000원 - 100,000,000원
= 1,320,000,000원

그 다음, 양도차익의 총액을 아래와 같이 관리처분계획인가 전 양도차익과 관리처분계획인가 후 양도차익으로 구분합니다.

신축주택의 양도차익
= 관리처분계획 인가 후 양도차익(양도가액 - 평가액 - 청산금 납부액) + 관리처분계획 인가 전 양도차익(평가액 - 취득가액)
= (1,500,000,000원 - 600,000,000원 - 100,000,000원)
+ (600,000,000원 - 80,000,000원)
= 800,000,000원 + 520,000,000원
= 1,320,000,000원

관리처분계획인가 후 양도차익은 다시 청산금납부분에 관한 양도차익과 기존주택에 대한 양도차익으로 구분합니다.

① 관리처분계획인가 후 양도차익 중 청산금납부분 양도차익

$$\text{관리처분계획인가 후 양도차익} \times \frac{\text{납부한 청산금}}{\text{기존건물과 그 부수토지의 평가액} + \text{납부한 청산금}}$$

$$800{,}000{,}000\text{원} \times \frac{100{,}000{,}000\text{원}}{600{,}000{,}000\text{원} + 100{,}000{,}000\text{원}} = 114{,}285{,}714\text{원}$$

② 관리처분계획인가 후 양도차익 중 기존주택 양도차익

$$\text{관리처분계획인가 후 양도차익} \times \frac{\text{기존건물과 그 부수토지의 평가액}}{\text{기존건물과 그 부수토지의 평가액} + \text{납부한 청산금}}$$

$$800{,}000{,}000\text{원} \times \frac{600{,}000{,}000\text{원}}{600{,}000{,}000\text{원} + 100{,}000{,}000\text{원}} = 685{,}714{,}286\text{원}$$

이와 같이 금액을 구분하고 나면 아래와 같이 청산금납부분에 대한 양도차익과 기존주택에 대한 양도차익을 구분할 수 있습니다(참고 : 「소득세법 시행령」 제166조 제2항 제1호).

이렇게 하는 이유는 청산금납부분 양도차익과 기존주택의 양도차익에 대해 각각의 보유기간별 장기보유특별공제가 다르기 때문입니다.

① 청산금납부분 양도차익 = 114,285,714원

② 기존주택 양도차액

= 관리처분계획인가 후 양도차익 중 기존주택 양도차익 + 관리처분계획인가 전 양도차익 = 685,714,286원 + 520,000,000원 = 1,205,714,286원

상기 양도차익에서 장기보유특별공제를 공제하기 전에 선생님의 경우 양도가액 12억 원까지는 양도차익이 비과세되므로 비과세 받을 수 있는 양도차익을 구하여야 합니다.

① 청산금납부분 양도차익 중 비과세되는 양도차익

$$\text{청산금납부분 양도차익} \times \frac{\text{12억 원}}{\text{양도가액}}$$

$$\text{114,285,714원} \times \frac{\text{1,200,000,000원}}{\text{1,500,000,000원}} = \text{91,428,571원}$$

② 기존주택 양도차액 중 비과세되는 양도차익

$$\text{기존주택 양도차익} \times \frac{\text{12억 원}}{\text{양도가액}}$$

$$1{,}205{,}714{,}286\text{원} \times \frac{1{,}200{,}000{,}000\text{원}}{1{,}500{,}000{,}000\text{원}} = 964{,}571{,}429\text{원}$$

이렇게 비과세받을 수 있는 양도차익을 구했다면 과세되는 청산금납부분 양도차익과 기존주택 양도차익이 나오게 되는데요. 이렇게 과세되는 청산금납부분 양도차익과 기존주택의 양도차익에서 각각의 보유기간별 장기보유특별공제를 차감하게 됩니다.

선생님의 경우, 기존주택에서 1세대 1주택으로서 해당 주택에 2년 이상 거주를 하였기 때문에 하기의 [표2]1세대 1주택 장기보유특별공제율(보유기간에 따른 공제율 + 거주기간에 따른 공제율)을 적용받을 수 있으며, 신축주택의 경우에는 2년 미만 거주하였기 때문에 하기의 [표1]일반적인 경우의 장기보유특별공제율을 적용받을 수 있습니다.

[표1] 일반적인 경우 장기보유특별공제율

보유기간	3년 이상 4년 미만	4년 이상 5년 미만	5년 이상 6년 미만	6년 이상 7년 미만	7년 이상 8년 미만	8년 이상 9년 미만	9년 이상 10년 미만	10년 이상 11년 미만	11년 이상 12년 미만	12년 이상 13년 미만	13년 이상 14년 미만	14년 이상 15년 미만	15년 이상
공제율	6%	8%	10%	12%	14%	16%	18%	20%	22%	24%	26%	28%	30%

[표2] 1세대 1주택 장기보유특별공제율

: 보유기간에 해당하는 공제율과 거주기간에 해당하는 공제율을 합산하여 장기보유특별공제율을 계산함. 예를 들어, 보유기간이 6년(24%)이고 거주기간이 4년(16%)인 경우, 40%의 장기보유특별공제율을 적용함

구 분		3년 이상 4년 미만	4년 이상 5년 미만	5년 이상 6년 미만	6년 이상 7년 미만	7년 이상 8년 미만	8년 이상 9년 미만	9년 이상 10년 미만	10년 이상
공제율	보유기간	12%	16%	20%	24%	28%	32%	36%	40%
	거주기간	12(8*1)%	16%	20%	24%	28%	32%	36%	40%

(*1) 보유기간이 3년 이상(12%)이고 거주기간이 2년 이상 3년 미만(8%)인 경우 20% 적용

이때, 보유기간의 계산은 아래와 같습니다(참고 : 「소득세법 시행령」 제166조 제5항 제2호).

구 분	보유기간 계산
청산금납부분 양도차익	관리처분계획인가일 ~ 양도일
기존주택의 양도차익	취득일 ~ 양도일

따라서, 선생님의 경우 청산금납부분 양도차익에 대해서는 관리처분계획인가일인 2017.7.27.부터 양도일인 2022.10.21.까지 5년 이상 6년 미만 보유하였고, 신축주택에서는 2년 미만 거주하였기 때문에 상기 [표1]에서 5년 이상 6년 미만 10%의 공제율을 적용받게 되며, 기존주택의 양도차익의 경우 보유기간은 취득일인 1993.8.18.로부터 양도일인 2022.10.21.까지 29년 보유 및 10년 이상 거주하였기 때문에 상기 [표2]에서 10년 이상 보유 40%와

10년 이상 거주 40%의 할인 공제율 80%를 적용받게 됩니다.

상기 계산한 내용을 정리하여 각각의 장기보유특별공제액을 산정한 후 납부할 양도소득세(지방소득세 포함)를 계산하면 아래와 같이 11,761,200원이 됩니다.

구 분	기존주택	청산금납부분	합 계
양도차익	1,205,714,286	114,285,714	1,320,000,000
(−) 비과세 양도차익	964,571,429	91,428,571	1,055,999,656
(=) 과세대상 양도차익	241,142,857	22,857,142	264,000,344
(−) 장기보유특별공제	241,142,857×80% =192,914,285	22,857,142×10% =2,285,714	195,200,034
(=) 양도소득금액	48,228,572	20,571,428	68,800,000
(−) 양도소득기본공제			2,500,000
(=) 과세표준			66,300,000
(×) 세율(*1)			24%
(−) 누진공제(*1)			5,220,000
(=) 양도소득세액			10,692,000
(+) 지방소득세액			1,069,200
(=) 총납부세액			11,761,200

(*1) 양도소득세율

초과	미만	세율	누진공제
	1,200만 원	6%	−
1,200만 원	4,600만 원	15%	108만 원
4,600만 원	8,800만 원	24%	522만 원
8,800만 원	1억 5천만 원	35%	1,490만 원
1억 5천만 원	3억 원	38%	1,940만 원
3억 원	5억 원	40%	2,540만 원
5억 원	10억 원	42%	3,540만 원
10억 원		45%	6,540만 원

핵·심·포·인·트

청산금을 납부한 경우 신축주택 양도차익의 계산

신축주택의 양도차익
= 관리처분계획인가 후 양도차익(양도가액 - 평가액 - 청산금 납부액) +
관리처분계획인가 전 양도차익(평가액 - 취득가액)

청산금을 납부한 경우 관리처분계획인가 후 양도차익의 계산

관리처분계획인가 후 양도차익

= ① 관리처분계획인가 후 청산금납부분 양도차익 + ② 관리처분계획인가 후 기존주택 양도차익

① 관리처분계획인가 후 양도차익 중 청산금납부분 양도차익

$$\text{관리처분계획인가 후 양도차익} \times \frac{\text{납부한 청산금}}{\text{기존건물과 그 부수토지의 평가액} + \text{납부한 청산금}}$$

② 관리처분계획인가 후 양도차익 중 기존주택 양도차익

$$\text{관리처분계획인가 후 양도차익} \times \frac{\text{기존건물과 그 부수토지의 평가액}}{\text{기존건물과 그 부수토지의 평가액} + \text{납부한 청산금}}$$

청산금을 납부한 경우 비과세되는 양도차익의 계산

비과세되는 양도차익

= ① 청산금납부분 비과세 양도차익 + ② 기존주택 비과세 양도차익

① 청산금납부분 양도차익 중 비과세되는 양도차익

$$\text{청산금납부분 양도차익} \times \frac{\text{12억 원}}{\text{양도가액}}$$

② 기존주택 양도차액 중 비과세되는 양도차익

$$\text{기존주택 양도차익} \times \frac{\text{12억 원}}{\text{양도가액}}$$

청산금을 납부한 경우 장기보유특별공제 적용시 보유기간 계산

구 분	보유기간 계산
청산금납부분 양도차익	관리처분계획인가일 ~ 양도일
기존주택의 양도차익	취득일 ~ 양도일

19

상속주택 소수 지분 가졌을 때 1세대 1주택 비과세 적용시 거주요건 적용여부

1세대 1주택 요건이 강화되기 시작한 것은 2017년 발표된 '8 · 2 부동산 대책'부터였는데요. 그 골자는 2017.8.3. 이후 조정대상지역 내 주택을 취득하는 경우 2년 이상 보유 요건에 2년 이상 거주해야 1세대 1주택 비과세를 받을 수 있다는 것이었습니다.

다만, 2017.8.2. 이전에 매매계약을 체결한 경우로서 계약금 지급일 현재 무주택자였다면 2017.8.3. 이후 주택을 취득한 경우에도 2년 거주 요건을 적용하지 않는데요.

그렇다면 상속주택의 소수 지분을 보유한 상황에서 2년 거주 요건을 충족하지 않더라도 1세대 1주택 양도소득세 비과세 혜택을 받을 수 있을지 사례를 통해 알아보겠습니다.

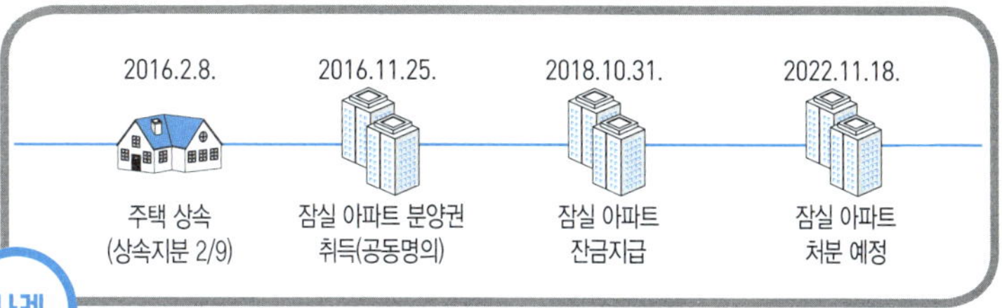

사례

43세 나성실씨.

무주택자였던 나성실씨는 2016.2.8. 아버지의 사망(별도세대)으로 공동상속주택의 소수 지분 22.22%(2/9)를 상속받았습니다. 상속인은 어머님, 형, 누나, 나성실씨이며 상속주택은 법정비율대로 상속받았기 때문에 어머님의 상속지분이 가장 큽니다.

그 후 2016.11.25. 나성실씨와 배우자는 공동명의로 서울 잠실에 있는 아파트 분양권 계약을 체결하였고 2018.2.10.에는 공동상속주택을 매각하였습니다.

그리고, 나성실씨 부부는 2018.10.31. 잠실아파트가 준공되자 잔금을 지급하고 소유권을 이전한 후 현재까지 계속해서 임대를 주고 있으며, 2022.11.18. 잠실아파트를 팔고자 하는데요.

나성실 회계사님, 저희 부부가 보유하고 있는 아파트가 잠실아파트 1채이니 이를 처분하면 비과세 혜택을 받을 수 있죠?

회계사 아닙니다. 선생님은 1세대 1주택 비과세를 받을 수 없습니다.

나성실 네? 비과세를 받을 수 없다고요? 무슨 말씀이세요? 저희는 현재 잠실아파트 1채밖에 없고 2018.10.31.취득해서 4년 이상 보유했는데 비과세를 받지 못하다니요?

회계사 네, 양도일 현재 1세대 1주택자인 것도 맞고, 2년 이상 보유하신 것도 맞지만 2년 이상 거주하지 않으셨기 때문입니다.

나성실 아, 2년 거주요건이요? 깜짝 놀랐잖아요. 회계사님, 저희는 2018.10.31. 아파트를 취득한 것은 맞지만 2016.11.25. 분양계약을 체결했기 때문에 2년 거주요건이 적용되지 않아요.

회계사 알고 계시는 것처럼 2017.8.2. 이전 매매계약을 체결하고 계약금을 지급한 경우 2년 거주를 하지 않아도 되는데요. 거주요건이 무조건 제외되는 건 아니고, 계약금 지급일 당시 무주택자여야 합니다(참고 : 「소득세법 시행령」 제154조 제1항 제5호, 「소득세법 시행령」 대통령령 28293호(2017.9.19.) 부칙 제2조 제2항).

다시 말해, 조정대상지역에서 2017.8.3. 이후 주택을 취득한 경우라도 2017.8.2. 이전 무주택자가 주택 매매계약을 체결하고 계약금을 지급한 경우 취득한 주택에 2년 거주하지 않더라도 비과세를 적용해 준다는 것이기 때문에 계약 당시 무주택자가 아니라면 2년 거주요건이 적용됩니다.

나성실 회계사님, 저희 부부 무주택자 맞았어요. 저희가 잠실아파트를 처음으로 분양받아 산 것이에요.

회계사 그렇지 않습니다. 선생님의 경우 2016.2.8. 아버님이 돌아가시면서 상속받은 주택의 지분을 소유하고 있었기 때문에 분양권 계약체결 당시 무주택자가 아니셨습니다.

나성실 무슨 말씀이세요, 회계사님. 상속주택지분의 경우 상속지분이 가장 큰 경우에만 주택으로 보기 때문에 상속주택지분이 가장 큰 어머님의 주택이지 저 같이 소수지분자는 주택을 소유한 것으로 볼 수 없다고 그랬었는데요.

회계사 네, 「소득세법」에 공동상속주택지분의 경우 상속지분이 가장 큰 경우에만 주택으로 본다는 조항이 있습니다. 하지만, 해당 조항은 상속주택의 소수지분과 비과세 요건을 충족한 주택을 1채 보유한 상태에서 비과세 요건을 충족한 주택을 양도할 때 상속주택의 소수지분은 주택으로 보지 않는다는 특별조항입니다. 즉, 비과세 요건을 충족한 주택을 '양도할 때'만 공동상속주택의 소수지분을 주택수에 포함하지 않는데요.

1세대 1주택 비과세 판단시 공동상속주택의 소수지분을 주택수에 포함하지 않는다고 해서 주택이 아니라는 것은 아닙니다. 선생님처럼 잠실아파트에 대한 분양권 매매계약 체결 당시 상속주택에 대한 소수지분을 갖고 있는 경우 1주택을 소유한 것으로 보고 있습니다(참고 : 서면-2018-부동산-0935, 2018.11.29.).

▣ 서면-2018-부동산-0935, 2018.11.29.

2017.8.2. 이전에 조정대상지역 내 주택을 취득하는 매매계약 체결 및 계약금을 지급한 1세대의 해당 주택 비과세 거주요건(2년) 적용여부 판정 시 공동상속주택의 소수지분을 보유한 경우 무주택세대로 보지 않음

따라서, 선생님이 잠실아파트에 대해 1세대 1주택자로서 비과세 혜택을 받기 위해서는 2년 거주한 후 양도해야 합니다.

핵·심·포·인·트

공동상속주택 소수지분 보유한 자 비과세 판단시 거주요건

2017.8.2. 이전에 조정대상지역 내 주택을 취득하는 매매계약 체결 및 계약금을 지급한 1세대의 해당 주택 비과세 거주요건(2년) 적용여부 판정 시, 공동상속주택의 소수지분을 보유한 세대는 무주택세대로 보지 아니함으로 거주요건 충족하여야 함.

20

상속주택 받았는데 가지고 있는 조합원입주권은 비과세 특례 적용받지 않나요?

고령화 사회가 되면서 상속개시 당시 자녀들이 집을 소유한 상태에서 부모님이 살던 주택을 물려받게 되는 경우를 흔히 볼 수 있습니다.

이렇게 상속으로 인해 본인이 가지고 있는 집과 부모님이 살던 집을 물려받게 되는 경우 부득이 1세대 2주택자가 되어버리고 마는데요. 현 정책하에서는 다주택자의 경우 세제적으로 불이익을 많이 본다고 하는데, 상속을 받지 말아야 하는 것일까요?

물론 아닙니다.

다주택자에게 세제상 불이익을 주는 것은 세제정책을 통하여 주택을 통한 투기수요를 억제하기 위해서인데요. 상속과 같이 본인의 의지와 관계없이 주택을 취득하게 되는 경우에까지 세제상 불이익을 준다고 하면 상식적으로도 납득이 되지 않는 부분입니다.

따라서, 본인이 주택을 가지고 있는 상태에서 주택을 상속받게 된다면, 본인이 가지고 있는 주택을 양도할 때에는 상속주택 특례 규정을 적용받아 1세대 1주택 비과세를 적용합니다. 즉, 상속주택은 비과세 판단시 없는 것으로 보아 본인이 가지고 있던 주택이 1세대 1주택 비과세 요건을 충족하면 세금을 내지 않아도 된다는 것인데요.

그렇다면, 본인이 조합원입주권을 가지고 있는 상태에서 주택을 상속받은 후, 조합원입주권을 양도할 때 조합원입주권이 비과세 요건을 충족한다면 비과세될 수도 있지 않을까요?

하지만, 이 부분은 비과세 받기 어려운데요. 이 점에 대해 사례를 통해 알아보도록 하겠습니다.

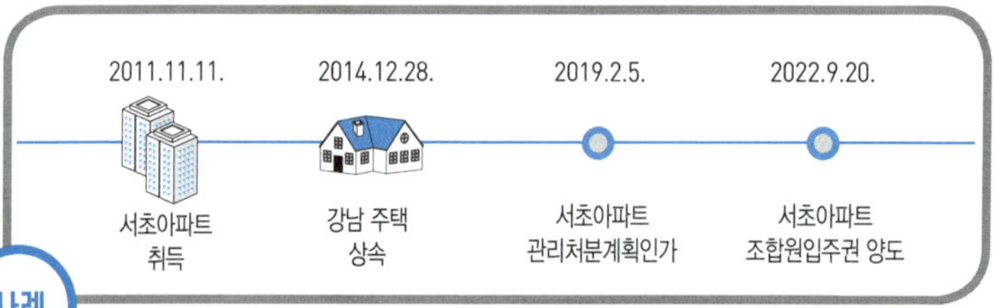

사례

55세 나성실씨.

2011.11.11. 서울 서초에 아파트를 4억 5천만 원에 취득하여

가족과 함께 거주하고 있으며, 2013년 아버님이 돌아가시고 2014.12.28. 어머님마저 돌아가시면서 어머님 명의의 강남 주택 1채를 상속받았습니다.

현재 거주하고 있는 서초 아파트는 2019.2.5.「도시 및 주거환경정비법」에 따른 주택재건축사업에 따라 관리처분계획인가를 받아 현재 공사 중에 있으며, 새로운 주택은 동일 평수를 신청하여 기존 아파트보다 증가한 건물과 토지 면적은 없습니다.

관리처분계획인가시 평가액은 6억 원이었고 현재는 프리미엄이 6억 5천만 원 형성되어 2022.9.20. 12억 5천만 원에 처분하고 상속받은 강남주택으로 이사를 하려고 합니다.

주변 친구들의 이야기를 들어보니 상속받은 주택이 있는 경우 상속주택은 없는 것으로 보아 보유하고 있던 아파트를 팔 경우 1세대 1주택으로서 비과세를 받을 수 있다고 하는데요.

나성실씨는 서초아파트의 조합원입주권을 팔면서 비과세를 받을 수 있을까요?

나성실 회계사님, 제가 서초에 2011년부터 가지고 있었던 아파트 1채와 2014년 어머님으로부터 상속받은 강남주택 1채해서 총 2채의 주택을 가지고 있는데요. 서초 아파트가 재건축에

들어가면서 올해 9.20. 이를 처분하고 강남주택으로 이사하려고 합니다. 주변 친구들에게 들으니 상속주택이 있는 경우 해당 상속주택은 없는 것으로 보고 원래 소유하고 있던 주택이 1세대 1주택 비과세 요건을 충족하면 비과세된다고 들었는데요. 그 비과세 요건이라는 것이 무엇인가요?

회계사 1세대의 1주택 비과세 요건이 궁금하시군요. 비과세 요건은 아래와 같습니다.

① 먼저 1세대가 1주택을 양도하여야 합니다. 이때의 1세대란, 본인 및 배우자(법률상 이혼을 하였으나 생계를 같이하는 등 사실상 이혼한 것으로 보기 어려운 관계에 있는 사람을 포함)가 그들과 동일한 주소에서 생계를 같이하는 가족을 말합니다.

② 양도하는 주택은 양도일 현재 2년 이상을 보유하였어야 합니다. 단, 조정대상지역의 주택을 2017.8.3. 이후 취득한 경우 2년 이상 거주를 하였어야 합니다.

③ 양도하는 주택의 부수토지는 건물이 정착된 면적의 도시지역 중 수도권은 3배, 수도권 밖은 5배, 도시지역 밖은 10배 이내 토지여야만 합니다.

④ 양도하는 주택은 미등기 주택이 아니어야 합니다.

⑤ 양도주택의 실거래가가 12억 원 이하여야 합니다.

나성실 그렇군요. 저야 주택이 2주택이지만 상속주택의 경우 주택으로 보지 않는다 하고, 양도가액의 실거래가가 12억 원을 넘고 있지만, 12억 원까지는 비과세가 되는 것이잖아요. 회계사님이 조금 전 말씀해 주신 비과세 요건 중 양도가액이 12억 원 이하여야 한다는 것만 제외하고 다른 모든 요건을 다 충족하고 있으니 당연히 비과세 받을 수 있겠지요?

회계사 일반적으로 상속주택과 상속주택이 아닌 일반주택이 있는 경우, 상속개시 당시 선생님이 일반주택을 소유하고 있었고 상속주택보다 일반주택을 먼저 양도한다면, 1세대 1주택 비과세되는 상속주택 특례규정이 있기에 선생님처럼 생각하기 쉽습니다만, 선생님의 경우는 해당 상속주택 특례규정을 적용받아 비과세를 받기 어렵습니다.

나성실 아니 왜요? 무슨 문제가 있나요?

회계사 네, 문제가 있습니다.

선생님의 경우 서초아파트가 2019.2.5. 관리처분계획인가로 인하여 주택이 아닌 조합원입주권이 된 상태이기 때문입니다. 즉, 선생님은 주택이 아닌 조합원입주권을 양도하는 경우가 되는데요. 앞서 말씀드린 바와 같이 상속주택 특례규정은 조합원입주권이 아닌 일반주택을 양도할 때 적용되는 규정입니다. 따라서, 조합원입주권을 양도하는 경우에는 해당 규정에 따른 비과세를 받을 수 없다고 과세당국은 해석하고 있습니다(참고 : 서면-2015-부동산-1685, 2015.10.26.).

▣ 서면-2015-부동산-1685, 2015.10.26.

「소득세법 시행령」 제155조 제2항에 따른 상속주택 특례는 상속주택 외의 일반주택을 양도할 때 적용되는 규정이므로 상속주택 외의 조합원입주권을 양도하는 경우에는 동 규정의 적용대상이 아니며, 같은 조 제17항에 따른 조합원입주권 특례 적용대상도 아닌 것임.

나성실 아니, 저는 비과세를 받을 수 있다고 해서 세금은 거의 없겠다 생각했는데 세금은 얼마나 내야 하나요?

회계사 입주권의 경우 주택(부동산)으로 보유하고 있을 때 증가한 가치분과 조합원입주권(권리)으로 보유하고 있을 때 증가한 가치분을 분리한 후 각각의 양도차익을 계산하여 이를 합한

금액을 전체 양도차익으로 하여 계산하게 되는데요.

조합원입주권 양도차익 = 관리처분계획등 인가 전 양도차익[주택(부동산)보유분 양도차익] + 관리처분계획등 인가 후 양도차익[조합원입주권(권리)보유분 양도차익]

이렇게 구분하여 계산하는 이유는 취득일부터 관리처분계획인가일까지 주택(부동산)으로 보유하고 있는 기간에 대해서는 장기보유특별공제를 적용받을 수 있기 때문입니다.

보유기간에 따른 장기보유특별공제율은 하기와 같은데, 선생님의 경우 취득일인 2011.11.11.부터 관리처분계획인가일인 2019.2.5.까지 보유기간이 7년 이상 8년 미만에 해당하므로 14%의 장기보유특별공제를 적용받게 됩니다.

일반적인 경우 장기보유특별공제율

보유기간	3년 이상 4년 미만	4년 이상 5년 미만	5년 이상 6년 미만	6년 이상 7년 미만	7년 이상 8년 미만	8년 이상 9년 미만	9년 이상 10년 미만	10년 이상 11년 미만	11년 이상 12년 미만	12년 이상 13년 미만	13년 이상 14년 미만	14년 이상 15년 미만	15년 이상
공제율	6%	8%	10%	12%	14%	16%	18%	20%	22%	24%	26%	28%	30%

따라서, 선생님의 경우 양도소득세(지방소득세 포함)를 계산해 보면 319,803,000원을 납부하여야 합니다.

(단위 : 원)

구 분	관리처분계획인가 전 양도차익	관리처분계획인가 후 양도차익	합 계
양도가액	600,000,000[*2]	1,250,000,000	1,250,000,000[*1]
(–) 취득가액	450,000,000	600,000,000[*2]	450,000,000
(–) 자본적지출 및 양도비용	–	–	–
(=) 양도차익	150,000,000	650,000,000	800,000,000
(–) 비과세 양도차익	–	–	–
(=) 과세대상 양도차익	150,000,000	650,000,000	800,000,000
(–) 장기보유특별공제	21,000,000[*3]	–	21,100,000
(=) 양도소득금액	129,000,000	650,000,000	779,000,000
(–) 양도소득기본공제			2,500,000
(=) 과세표준			776,500,000
(×) 세율[*4]			42%
(–) 누진공제[*4]			35,400,000
(=) 양도소득세액			290,730,000
(+) 지방소득세액			29,073,000
(=) 총납부세액			319,803,000

[*1] 양도가액 1,250,000,000원

[*2] 기존 주택 평가액 600,000,000원

[*3] 양도차익 150,000,000원 × 장기보유특별공제 14%(7년 이상 8년 미만) = 21,000,000원

(*4) 양도소득세율

초과	미만	세율	누진공제
	1,200만 원	6%	–
1,200만 원	4,600만 원	15%	108만 원
4,600만 원	8,800만 원	24%	522만 원
8,800만 원	1억 5천만 원	35%	1,490만 원
1억 5천만 원	3억 원	38%	1,940만 원
3억 원	5억 원	40%	2,540만 원
5억 원	10억 원	42%	3,540만 원
10억 원		45%	6,540만 원

나성실 세금이 그렇게 많이 나오나요? 세금을 내지 않으려면 다른 방안은 없을까요?

회계사 현재 세법에서 상속주택특례 규정을 적용받아 비과세를 받을 수 있는 경우는 양도하는 주택이 일반주택이어야 하므로, 재건축되는 서초아파트가 준공되어 신규아파트를 양도한다면 비과세를 받을 수 있습니다(참고 : 「소득세법」 제89조 제1항 3호 나목, 「소득세법 시행령」 제155조 제2항).

핵·심·포·인·트

상속개시 당시 일반주택을 보유하고 있는 경우로서 일반주택 양도시 비과세 적용여부

상속개시당시 일반주택을 소유한 자가 상속주택보다 일반주택을 먼저 양도하는 경우, 해당 일반주택의 양도에 대해서는 1세대 1주택 비과세 규정이 적용됨.

상속주택과 1조합원입주권을 보유하고 있는 경우 1조합원입주권 양도시 비과세 적용여부

상속주택과 상속 외 원인으로 취득한 조합원입주권을 보유하고 있는 경우로서 상속주택보다 조합원입주권을 먼저 양도하는 경우, 해당 조합원입주권의 양도에 대해서는 1세대 1주택 비과세 규정이 적용되지 아니하나, 신규아파트 준공 후 신규아파트를 양도할 경우 1세대 1주택 비과세 규정이 적용됨.

21

2017.8.2. 대책 이전 취득한 분양권을 부부공동명의로 전환시 1세대 1주택 비과세 거주요건은 어떻게 적용될까요?

2017년 서울을 중심으로 아파트 가격이 가파르게 상승하면서 주택시장의 과열이 심화되고 확산되자, 정부는 국토교통부, 기획재정부, 금융위원회 등 관계부처 합동으로 「실수요보호와 단기 투기수요 억제를 통한 주택시장 안정화 방안」을 2017.8.2. 발표하였는데요.

특히 양도소득세 비과세 요건 중 실거주 요건을 강화시켰습니다. 즉, 조정대상 지역 내에서 신규 주택을 취득한다면 2년을 거주해야만 1세대 1주택 비과세를 적용해 주겠다는 것인데요. 분양권의 경우는 어떻게 적용될까요?

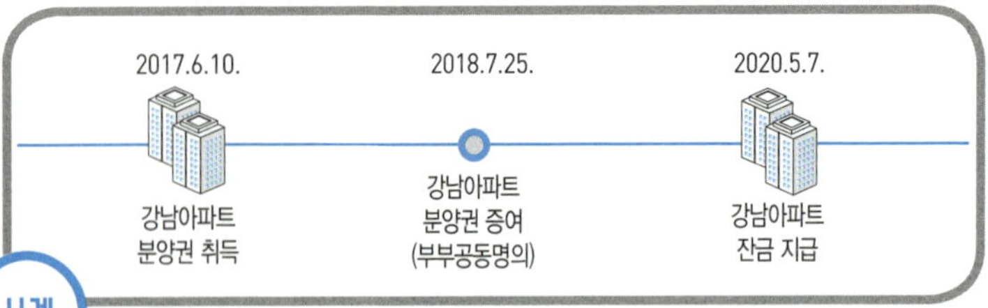

사례

부산에 거주하고 있는 49세 나성실씨.

나성실씨는 무주택자로서 2017.6.10. 강남에 소재한 아파트에 대한 분양계약을 체결하고 관련 계약금을 지급하였습니다.

2017.8.2. 대책에 따라 서울의 전지역이 조정대상지역으로 지정된 후, 2018.7.25. 부부증여를 통하여 해당 분양권을 부부공동명의로 전환하였는데요.

준공 후 아파트에 대한 잔금지급일은 2020.5.7.이었습니다.

입주 당시 나성실씨 부부는 강남 아파트를 전세로 두었고, 현재 시세는 투자 당시보다 8억 원이 올라있는데, 조정대상지역 내에서 비과세를 적용받으려면 2년 거주해야만 비과세를 적용받을 수 있다는 말에 심각한 고민에 빠져있습니다.

나성실씨 부부는 절세를 위해 강남 아파트로 이사하여 2년 거주해야만 하는 것일까요?

나성실 회계사님, 저는 2017.8.2. 대책 이전에 분양권을 매수했었는데요. 해당 주택이 준공되고 잔금을 지급한 것은

2020.5.7.입니다. 그렇다면 제가 주택을 취득한 시점으로 보는 것은 언제인가요? 분양권 매입시점인가요? 아파트 준공일인가요? 아니면 잔금을 지급하고 소유권을 이전받는 시기인가요?

회계사 분양권의 경우 주택을 취득할 수 있는 권리의 일종이기 때문에 분양권 자체를 매수하였다 하여 해당 시점을 주택의 취득시기로 보는 것이 아닙니다. 따라서, 분양권을 취득한 경우 주택의 취득시기는 잔금을 지급한 날과 주택의 준공일 중 늦은 날이 됩니다(참고 : 「소득세법 시행령」 제162조 제1항 제8호).

참고로, 분양권이 아닌 조합원입주권(승계취득한 조합원입주권 포함)이라면, 주택의 취득일은 잔금을 지급하고 소유권을 이전받는 때가 아닌 아파트 준공일이 됩니다(참고 : 「소득세법」 집행기준 98-162-15).

▣ 「소득세법」 집행기준 98-162…15 【조합원의 지위를 승계하여 재건축주택을 취득한 경우】

관리처분계획일 이후에 조합원의 지위를 승계취득한 경우 재건축주택의 취득시기는 「건축법」에 따른 해당 주택의 사용승인서 교부일이며, 사용승인 전에 사실상 사용하거나 임시사용승인을 받은 경우에는 그 사실상의 사용일 또는 임시사용승인일이 된다.

나성실 네, 이해했습니다. 그렇다면 회계사님, 취득 당시에 조정대상지역에 있는 주택의 경우 해당 주택에 2년 이상 살아야 양도소득세를 비과세 받을 수 있다고 하던데요. 저희 부부도 강남아파트로 이사 와서 2년 이상 살아야 하나요?

회계사 아닙니다. 선생님 부부의 경우, 2년 거주하지 않아도 비과세 받으실 수 있습니다.

나성실 그래요? 거주하지 않아도 비과세 받을 수 있다고요?

회계사 네, 2년 거주요건은 2017.8.2.대책에 의하여 강화된 비과세 요건인데요.

선생님처럼 2017.8.2. 이전에 매매계약을 체결하였는데, 해당 지역이 조정대상지역으로 지정됨에 따라 예상하지 못했던 2년 거주요건이 생긴다면 당황스러울 수밖에 없습니다.

따라서, 「소득세법 시행령」 공포시 아래와 같은 경우 2년 거주를 하지 않더라도 비과세를 받을 수 있도록 하였는데요(「소득세법 시행령」 제154조 제1항 제5호, 「소득세법 시행령」 대통령령 28293호 (2017.9.19.) 부칙 제2조 제2항).

① 2017.8.2. 이전에 매매계약을 체결하고 계약금을 지급한 사실이 증빙서류에 의하여 확인되어야 합니다.

② 해당 주택의 거주자가 속한 1세대가 계약금 지급일 현재 무주택자여야 합니다.

선생님의 경우 상기 2가지 요건을 모두 충족하고 있기 때문에 2020.5.7. 조정대상지역인 서울 소재 주택을 취득하였지만 2년 이상 거주하지 않고 2년 이상 보유만 하여도 1세대 1주택자로서 비과세혜택을 받을 수 있습니다.

참고적으로, 2017.8.2. 이전 관리처분계획인가 된 조합원입주권을 승계하고 계약금을 지급한 경우에도, 계약금 지급 당시 1세대가 무주택자였다면 2년 이상 거주하지 않고 2년 이상 보유만 하여도 1세대 1주택자로서 비과세 받을 수 있습니다.

나성실 그렇다면 회계사님, 걱정되는 것이 있는데요. 처음에는 제가 분양계약을 체결했었는데 2018.7.25. 증여를 통해 분양권을 부부공동명의로 바꾸었는데요, 증여한 주택의 경우 증여일이 취득일이 된다고 하던데… 그렇다면 2017.8.2. 이후 아내는

주택을 새롭게 취득한 것으로 보아 2년 거주해야 하는 것은 아닐까요?

회계사 그러지 않으셔도 됩니다. 법 해석에 따르면 2017.8.2. 이전에 주택에 관한 분양계약을 체결하고 관련 계약금을 지급한 경우로서 주택이 소재한 지역이 조정대상지역으로 지정된 이후 해당 분양권을 부부공동명의로 전환한 경우 완공된 주택에 대하여 1세대 1주택 비과세 적용시 거주요건을 적용하지 않는다고 해석하고 있기 때문입니다(서면-2018-법령해석재산-3385, 2019.11.25.).

▣ 서면-2018-법령해석재산-3385, 2019.11.25.

2017.8.2. 이전 분양계약 체결 및 계약금 지급한 주택 분양권을 조정대상지역으로 지정된 이후 부부공동명의로 전환한 경우 비과세 거주요건 적용하지 않음.

핵·심·포·인·트

2017.8.3. 이후 조정대상지역 내 주택을 취득하여도 비과세 판단시 거주요건 적용하지 않는 경우

① 2017.8.2. 이전에 매매계약을 체결하고 계약금을 지급한 사실이 증빙서류에 의하여 확인될 것

② 해당 주택의 거주자가 속한 1세대가 계약금 지급일 현재 무주택자일 것

2017.8.3. 이후 조정대상지역 내 분양권을 부부증여한 후 주택을 취득한 경우 비과세 판단시 거주요건 적용여부

2017.8.2. 이전 무주택자로서 분양계약 체결 및 계약금 지급한 주택 분양권을 조정대상지역으로 지정된 이후 부부공동명의로 전환한 경우 비과세 거주요건 적용하지 않음.

22

분양권 취득시기는 당첨일일까요, 분양계약 체결일일까요?

2021.1.1. 이후 취득한 분양권의 경우 다른 주택의 비과세 및 중과 여부를 판단할 때 주택수에 포함되기 때문에 분양권의 취득시기는 비과세 및 중과 여부를 판단할 때 매우 중요합니다.

그렇다면, 분양권의 취득시기는 언제일까요?

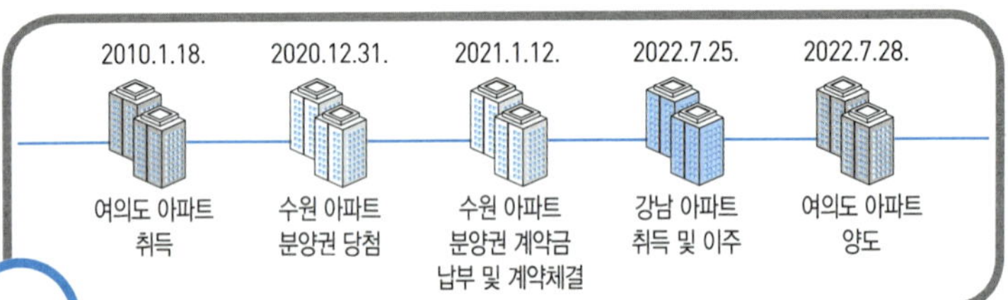

사례

48세 나성실씨.

2010.1.18. 여의도 소재 아파트를 8억 원에 본인 명의로 취득하여 계속하여 거주하였다가 2022.7.25. 강남 소재 아파트를 부부공동 명의로 취득하여 세대 전원이 이주하고, 여의도 소재 아파트는 2022.7.28. 18억 원에 양도하였습니다. 또한, 나성실씨는 2020.12.31. 경기도 수원 소재 아파트 입주자 모집공고에 따른 청약이 당첨이 된 바, 2021.1.12. 분양권에 대한 계약금 납부 및 계약을 체결하였습니다.

나성실씨는 여의도 소재 아파트를 1세대 일시적 2주택으로 비과세 받고자 하는데 세법이 개정되어 비과세 판단시 2021.1.1. 이후 취득한 분양권은 주택수에 포함이 되었다는 말을 듣고 땅을 치며 분양권 계약 체결한 것을 후회하고 있는 중입니다.

나성실씨가 여의도 소재 아파트의 양도소득세를 절세할 수 있는 방법은 없는 것일까요?

나성실 회계사님, 저희가 이번에 여의도에 있는 아파트를 양도했는데요. 저는 이 여의도 아파트가 일시적으로 소유하게 된 2주택이니 양도하면 비과세 받을 줄 알고 있었거든요. 그런데 세금에 대해 이것저것 알아보다 보니 2021.1.1. 이후 취득한 분양권의 경우 주택수에 포함이 되는 것으로 세법이 바뀌었다고 하더라고요. 맞나요?

회계사 네, 맞습니다. 2021.1.1. 이후 취득한 분양권은 비과세 판단시 주택으로 포함됩니다.

나성실 아, 끔찍한 일이네요. 저희 어떡하죠? 저희는 그럼 주택이 여의도 소재 아파트, 강남 소재 아파트, 수원 아파트 분양권까지 해서 주택이 3개가 되는 것이네요. 저는 여의도 소재 주택이 비과세되는 줄 알고 덜컥 팔았는데 세금이 많이 나오겠어요. 어떻게 절세할 수 있는 방법이 없을까요?

회계사 걱정하지 마세요. 선생님 상황을 들어보니 선생님은 여의도 소재 아파트에 대해 12억 원까지 비과세 받을 수 있습니다.

나성실 네, 비과세 받을 수 있다고요? 정말인가요? 어떻게 그럴 수 있죠?

회계사 선생님 상황에 있어서는 분양권의 취득시기가 중요한데요. 「소득세법」에서 정의하는 취득의 시기란, 대금을 청산한 날을 말하는데, 대금을 청산하기 전에 소유권이전등기(등록 및 명의의 개서를 포함한다)를 한 경우에는 등기부 · 등록부 또는 명부 등에 기재된 등기접수일을 말하며, 증여의 경우에는 증여를 받은 날이 됩니다(참고 : 「소득세법」 제98조 및 「소득세법 시행령」 제162조).

분양권은 명의를 변경하기는 하지만 등기 · 등록 · 명의개서를 요하는 자산에 해당하지 아니하여 분양권을 유상으로 승계하는 경우 분양권에 대한 대금을 청산한 날이 취득일이 됩니다.

한편, 원분양자의 취득시기에 대해서는 「소득세법」 기본통칙에서 아파트 당첨일로 보고 있었는데요.

▣ 「소득세법」 기본통칙 98-3 및 98-162…2 [부동산에 관한 권리의 취득시기]

부동산의 분양계약을 체결한 자가 당해 계약에 관한 모든 권리를 양도한 경우에는 그 권리에 대한 취득시기는 당해 부동산을 분양받을 수 있는 권리가 확정되는 날(아파트당첨권은 당첨일)이고 타인으로부터 그 권리를 인수받은 때에는 잔금청산일이 취득시기가 된다.

2020.8.28. 소득세법상 분양권의 정의가 "주택에 대한 공급계약을 통하여 주택을 공급받는 자로 선정된 지위"로 규정되면서 "공급계약일"을 분양권 당첨일로 볼 수 있는지에 대한 논란이 뜨거웠습니다.

즉, 취득시기를 분양권 당첨일로 본다면 계약을 체결하지도 않은 상태에서 분양권을 취득한 것으로 보아 주택수로 산정해야 하는지가 문제가 되는 반면, 선생님과 같이 분양권 당첨일이 2020.12.31.이고 계약일(계약금지급일)이 2021.1.12.일 때, 취득시기를 계약일로 본다면 기존 「소득세법」 기본통칙과 다른 해석이기에 납세자가 불리해지는 결과가 초래되어 법적 안정성을 해칠 수 있기 때문입니다.

하지만, 기획재정부에서 분양권의 취득시기는 기존 「소득세법」 기본통칙과 같이 분양계약일이 아닌 청약당첨일이라고 법을 해석한 바, 선생님의 경우 수원 아파트 분양권은 2020.12.31. 취득한 분양권이므로 주택수에 포함하지 아니하여 일시적 2주택으로 비과세 받을 수 있는 것입니다.

▣ 기획재정부 재산세제과-85, 2022.01.14

입주자 모집공고에 따른 청약이 당첨되어 분양계약한 경우 「소득세법」 제88조 제10호에 따른 분양권의 취득시기는 청약당첨일임.

나성실 그럼, 세금은 얼마나 나올까요?

회계사 12억 원까지 비과세 혜택을 받게 되면 양도소득세는 지방소득세를 포함하여 11,198,000원입니다.

구 분	금 액(원)
양도가액	1,800,000,000
(−) 취득가액	800,000,000
(−) 필요경비(ZERO로 가정)	−
(=) 양도차익	1,000,000,000
(−) 비과세양도차익(*1)	666,666,667
(=) 과세양도차익	333,333,333
(−) 장기보유특별공제 (10년 이상 : 80%)(*2)	266,666,666
(=) 양도소득금액	66,666,667
(−) 소득감면대상 소득금액	−
(−) 양도소득기본공제	2,500,000
(=) 과세표준	64,166,667
(×) 세율(*3)	24%
(−) 누진공제(*3)	5,220,000
(=) 양도소득세액	10,180,000
(−) 감면양도소득세액	−
(=) 감면후양도소득세액	10,180,000
(+) 지방소득세액(10%)	1,018,000
(+) 농어촌특별세(감면세액의 20%)	−
총납부세액	11,198,000

(*1) $1{,}000{,}000{,}000 \times \dfrac{1{,}200{,}000{,}000}{1{,}800{,}000{,}000} = 666{,}666{,}667$

(*2) 보유 및 거주기간이 12년(2010.1.18. ~ 2022.7.25.)이므로 [표2] 1세대 1주택 장기보유특별공제율 80% 적용

333,333,333원 × 80% = 266,666,666원

[표2] 1세대 1주택 장기보유특별공제율

구 분		3년 이상 4년 미만	4년 이상 5년 미만	5년 이상 6년 미만	6년 이상 7년 미만	7년 이상 8년 미만	8년 이상 9년 미만	9년 이상 10년 미만	10년 이상
공제율	보유기간	12%	16%	20%	24%	28%	32%	36%	40%
	거주기간	12(8*)%	16%	20%	24%	28%	32%	36%	40%

* 보유기간이 3년 이상(12%)이고 거주기간이 2년 이상 3년 미만(8%)인 경우 20% 적용

(*3) 양도소득세율

초과	미만	세율	누진공제
	1,200만 원	6%	–
1,200만 원	4,600만 원	15%	108만 원
4,600만 원	8,800만 원	24%	522만 원
8,800만 원	1억 5천만 원	35%	1,490만 원
1억 5천만 원	3억 원	38%	1,940만 원
3억 원	5억 원	40%	2,540만 원
5억 원	10억 원	42%	3,540만 원
10억 원		45%	6,540만 원

핵·심·포·인·트

분양권의 주택 수 포함시기

2021.1.1. 이후 취득한 분양권은 주택의 비과세와 중과여부 판단시 주택수에 포함됨

분양권의 취득시기

구분	취득시기
유상승계취득의 경우	대금을 청산한 날
입주자모집공고에 따른 청약 당첨의 경우	청약당첨일

23

일시적으로 1주택과 1분양권을 소유하는 경우에도 일시적 2주택 비과세 조항이 적용될까요?

국내에 1주택을 소유한 1세대가 그 주택(종전의 주택)을 양도하기 전에 다른 주택(신규 주택)을 취득함으로 인해 일시적으로 2주택이 된 경우, 종전의 주택을 취득한 날부터 1년 이상이 지난 후 신규 주택을 취득하고, 신규 주택을 취득한 날부터 일정기한(종전의 주택과 신규 주택이 모두 조정대상지역에 있는 경우 2년[*1], 그 외의 경우 3년) 이내에 종전의 주택을 양도하는 경우에는 1세대 1주택으로 보아 비과세를 적용하고 있는데요.

[*1] 조정대상지역의 공고가 있은 날 이전에 신규 주택(신규 주택을 취득할 수 있는 권리를 포함)을 취득하거나 신규 주택을 취득하기 위해 매매계약을 체결하고 계약금을 지급한 사실이 증명서류에 의해 확인되는 경우는 3년이 적용됨

일시적으로 1주택과 1분양권을 보유하다가 주택을 양도하는 경우에도 이러한 일시적 2주택 비과세 조항이 적용될 수 있을까요?

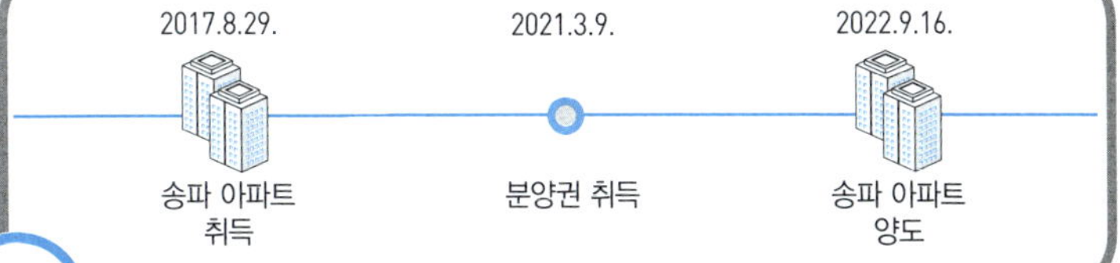

사례

38세 나성실씨.

2017.8.29. 서울 송파 소재 아파트를 6억 원(건물 84㎡, 토지 53㎡)에 취득하여 가족들과 계속 거주하고 있으며, 2021.3.9. 서울 강남 소재 아파트의 분양권을 유상으로 승계 취득하였습니다.

나성실씨는 2022.9.16. 송파 소재 아파트를 11억 원에 양도하려고 하는데 양도소득세를 절세할 수 있는 방법이 있을까요?

나성실 회계사님, 제가 송파에 살고 있던 아파트를 양도하고 싶은데요. 양도소득세가 얼마나 나올까요?

회계사 잠깐 살펴보도록 하겠습니다. 살펴보니 선생님은 양도소득세를 납부하지 않으셔도 됩니다.

나성실 네, 양도소득세를 납부하지 않아도 된다고요? 정말인가요?

회계사 네, 그렇습니다.

나성실 어떻게 양도소득세를 안 내도 되나요? 제가 서울에 주택과 분양권을 가지고 있고 2021.1.1. 이후 취득한 분양권은 1세대 1주택 비과세 판단시 주택수에 포함된다고 하던데요. 분양권까지 합하면 2주택이니 양도소득세를 납부해야 하는 것 아닌가요?

회계사 네, 물론 2021.1.1. 이후 취득한 분양권의 경우 비과세 판단시 주택수에 포함됩니다. 다만, 일시적으로 1주택과 1분양권을 가지고 있는 경우, 일시적 2주택 비과세 조항처럼 1주택과 1분양권에 있어서도 비과세가 적용될 수 있습니다.

즉, 국내에 1주택을 소유한 1세대가 그 주택(종전의 주택)을 양도하기 전에 분양권을 취득한 경우로서 다음의 3가지 요건을 충족하기만 하면 비과세 받을 수 있습니다(참고 : 「소득세법」 제89조 제2항, 「소득세법 시행령」 제156조의3 제2항).

① 종전의 주택을 취득한 날부터 1년 이상이 지난 후에 분양권을 취득하여야 합니다.

② 분양권을 취득한 날부터 3년 이내에 종전의 주택을 양도하여야 합니다.

③ 종전의 주택이 다음의 1세대 1주택 비과세 요건을 충족해야 합니다.

가. 2년 이상 보유한 주택(2017.8.3. 이후 취득한 주택으로서 취득 당시 조정대상지역에 있는 주택의 경우 해당 주택의 보유기간이 2년 이상이고 그 보유기간 중 거주기간이 2년 이상이어야 함)이어야 합니다.

나. 주택의 부수토지는 건물이 정착된 면적에 아래의 배율을 곱한 면적 이내 토지여야만 합니다.

구 분		주택부수토지
도시지역	수도권 내 토지 중 주거지역 · 상업지역 · 공업지역 내 토지	3배
	수도권 내 토지 중 녹지지역의 토지	5배
	수도권 밖의 토지	
도시지역 외 지역의 토지		10배

다. 종전의 주택이 미등기 주택이 아니어야 합니다.

라. 종전의 주택의 양도가액이 12억 원을 초과하지 않아야 합니다.

선생님의 경우에는

① 송파 소재 주택을 취득한 날인 2017.8.29.부터 1년 이상이 지난 후인 2021.3.9.에 분양권을 취득하였고

② 분양권을 취득한 2021.3.9.부터 3년 이내인 2022.9.16. 종전의 주택인 송파 주택을 양도하는 것이며

③ 종전의 주택은 가. 2017.8.29.부터 2022.9.16.까지 2년 이상 보유하고 보유기간 중 거주기간이 2년 이상이며, 나. 주택의 부수토지는 건물이 정착된 면적이 3배 이내이며, 다. 미등기 주택이 아니고, 라. 양도가액이 11억 원으로 12억 원을 초과하지 아니하므로 1세대 1주택 비과세 요건을 충족하고 있기 때문입니다.

따라서, 송파 소재 아파트는 비과세 받을 수 있습니다.

핵·심·포·인·트

1주택 1분양권의 일시적 비과세 요건

① 종전의 주택을 취득한 날부터 1년 이상이 지난 후에 분양권을 취득할 것

② 분양권을 취득한 날부터 3년 이내에 종전의 주택을 양도할 것

③ 종전의 주택이 다음의 1세대 1주택 비과세 요건을 충족할 것

가. 2년 이상 보유한 주택(2017.8.3. 이후 취득한 주택으로서 취득 당시 조정대상지역에 있는 주택의 경우 해당 주택의 보유기간이 2년 이상이고 그 보유기간 중 거주기간이 2년 이상이어야 함)일 것

나. 주택의 부수토지는 건물이 정착된 면적에 아래의 배율을 곱한 면적 이내 토지일 것

<table>
<tr><th colspan="2">구분</th><th>주택부수토지</th></tr>
<tr><td rowspan="3">도시지역</td><td>수도권 내 토지 중 주거지역 · 상업지역 · 공업지역 내 토지</td><td>3배</td></tr>
<tr><td>수도권 내 토지 중 녹지지역의 토지</td><td rowspan="2">5배</td></tr>
<tr><td>수도권 밖의 토지</td></tr>
<tr><td colspan="2">도시지역 외 지역의 토지</td><td>10배</td></tr>
</table>

다. 종전의 주택이 미등기 주택이 아닐 것

라. 종전의 주택의 양도가액이 12억 원을 초과하지 않을 것

똑똑한 재개발 재건축 절세법

뚝뚝한 재개발 재건축 절세법

Part

Ⅳ

조정대상지역에서도 세금 감면을 받을 수 있습니다.

24

조정대상지역 내 다주택자가 양도소득세를 내지 않는다고요? [조세특례제한법 제99조의2]

주택시장의 부진은 경제 전반에도 부담입니다. 마이너스 자산효과는 소비를 위축시키고, 신규 주택 건설수요 감소는 건설투자 부진으로 확대되기 때문입니다.

2013년의 주택시장은, 지속적인 주택가격 하락으로 실수요자는 주택구입을 꺼리고, 여유계층도 다주택자 규제로 시장참여가 곤란함에 따라, 2011년 하반기 이후 이어지던 주택시장의 침체가 심화되던 상황이었습니다. 또한, 전세수요 증가가 매매수요 증가로 이어지던 과거와 달리, 가격상승 기대감이 저하되면서 전셋값 상승만 초래되는 상황이 되었습니다.

이에 서민주거비의 부담은 가중되고, 과거 집값 상승기에 착수

된 신도시와 보금자리주택 물량이 지속적으로 공급됨에 따라 개인 소유 주택의 매매가 어려워지고, 주택담보채무의 상환부담으로 어려움을 겪는 하우스푸어가 사회적 문제로 대두되었습니다.

따라서, 시장침체의 원인인 수급불균형을 완화하여 매매거래를 활성화하기 위하여 박근혜 정부는 2013.4.1. 서민 주거안정을 위한 주택시장 정상화 종합대책을 발표하고 주택구입능력을 갖춘 가구들의 투자를 촉진함으로써 민간임대주택시장을 활성화하기 위하여 양도소득세 한시적 감면조치를 병행하였습니다.

따라서, 이러한 감면주택을 통해 절세할 수 있는 구체적 사례에 대해 살펴보도록 하겠습니다.

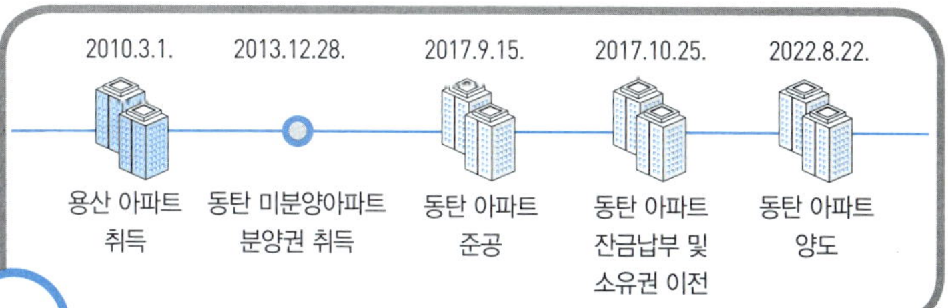

사례

55세 나성실씨는 1세대 2주택자입니다. 현재 배우자와 함께 2010.3.1. 취득한 용산 소재 아파트에 거주하고 있는데요.

배우자는 2013.12.28. 경기도 동탄2택지개발지구 소재 전용면적 59㎡아파트의 미분양아파트의 분양계약을 체결하였습니다.

동탄 아파트의 분양가는 2억 6천만 원이었으며, 매매계약 체결 당시 신축주택임을 확인하는 날인을 시장으로부터 받았습니다.

동탄 아파트는 2017.9.15. 준공되어 2017.10.25. 잔금을 납부하고 소유권을 이전받았는데요. 동탄 아파트의 현재 시세는 6억 원으로 해당 아파트를 2022.8.22.에 양도했는데, 양도소득세는 얼마나 나올까요?

나성실

회계사님, 저희 부부는 서울과 동탄2택지개발지구에 주택이 각 1채씩 있어서 조정대상지역에만 주택이 2채인데요. 동탄에 있는 아파트를 팔려고 양도소득세를 계산해 봤는데, 세금이 약 1억 원이나 나오는데, 이 세금 다 내야 하는 것 맞나요?

구 분	금액(원)
양도가액	600,000,000
(−) 취득가액	260,000,000
(−) 필요경비(ZERO로 가정)	−
(=) 양도차익	340,000,000

구 분	금액(원)
(−) 비과세양도차익	−
(−) 장기보유특별공제(4년 이상 5년 미만 : 8%)(*1)	27,200,000
(=) 양도소득금액	312,800,000
(−) 소득감면대상 소득금액	−
(−) 양도소득기본공제	2,500,000
(=) 과세표준	310,300,000
(×) 세율(*2)	40%
(−) 누진공제(*2)	25,400,000
(=) 양도소득세액	98,720,000
(−) 감면양도소득세액	−
(=) 감면후양도소득세액	98,720,000
(+) 지방소득세액(10%)	9,872,000
(+) 농어촌특별세(감면세액의 20%)	−
총납부세액	108,592,000

(*1) 다주택자가 보유기간이 2년 이상이고 조정대상지역에 소재하는 주택을 2022년 5월 10일부터 2023년 5월 9일까지의 기간 중 양도하는 경우 양도소득세 중과가 적용되지 아니하고, 장기보유특별공제도 적용함(참고 : 「소득세법 시행령」 제167조의10 제1항 제12의2호).

[표1] 일반적인 경우 장기보유특별공제율

보유기간	3년 이상 4년 미만	4년 이상 5년 미만	5년 이상 6년 미만	6년 이상 7년 미만	7년 이상 8년 미만	8년 이상 9년 미만	9년 이상 10년 미만	10년 이상 11년 미만	11년 이상 12년 미만	12년 이상 13년 미만	13년 이상 14년 미만	14년 이상 15년 미만	15년 이상
공제율	6%	8%	10%	12%	14%	16%	18%	20%	22%	24%	26%	28%	30%

(*2) 양도소득세율

초과	미만	세율	누진공제
	1,200만 원	6%	–
1,200만 원	4,600만 원	15%	108만 원
4,600만 원	8,800만 원	24%	522만 원
8,800만 원	1억 5천만 원	35%	1,490만 원
1억 5천만 원	3억 원	38%	1,940만 원
3억 원	5억 원	40%	2,540만 원
5억 원	10억 원	42%	3,540만 원
10억 원		45%	6,540만 원

회계사 네, 2주택자가 조정대상지역 내 주택을 파는 경우 양도차익이 크다면 세금이 많이 나오는 것이 사실인데요.

선생님의 경우는 상기 세금을 다 내셔야 할 것 같지는 않습니다. 오히려 감면이 적용되어 다른 분보다 세금이 더 적게 나올 것 같은데요.

나성실 네? 감면 때문에 오히려 세금이 적게 나온다고요? 감면이라는 것이 무엇인데요?

회계사 감면이라는 것은 세금을 깎아준다는 것인데요. 세법에서는 정책적 목적에 따라 특정 기간에 취득한 주택의 경우 양도소득세를 감면해 주는 규정이 있습니다.

선생님이 가지고 계신 동탄 아파트의 경우, 2013.4.1. 서민 주거 안정을 위한 주택시장 정상화 종합대책 때 취득한 주택으로 양도소득세를 감면받을 수 있습니다(참고 : 「조세특례제한법」 제99조의2).

나성실 그래요? 그럼 감면받으려면 어떻게 해야 하는데요?

회계사 감면받을 수 있는 요건은 2가지인데요.

먼저, 거주자가 2013.4.1.~2013.12.31. 기간 중 신축주택, 미분양주택 또는 1세대 1주택자로부터 주택을 취득한 경우이고요.

다음으로는, 그 매매가액이 6억 원 이하이거나, 연면적(공동주택 · 오피스텔의 경우에는 전용면적)이 85㎡ 이하인 주택이어야 합니다.

이런 주택을 가지고 있다면 취득일부터 5년 이내 양도함으로써 발생하는 소득은 양도소득세의 100%를 감면하고, 해당 신축주택 등의 취득일부터 5년이 지난 후에 양도하는 경우에는 취득일부터 5년간 발생한 양도소득금액은 양도소득세 과세대상 소득금액에서 공제해 줍니다.

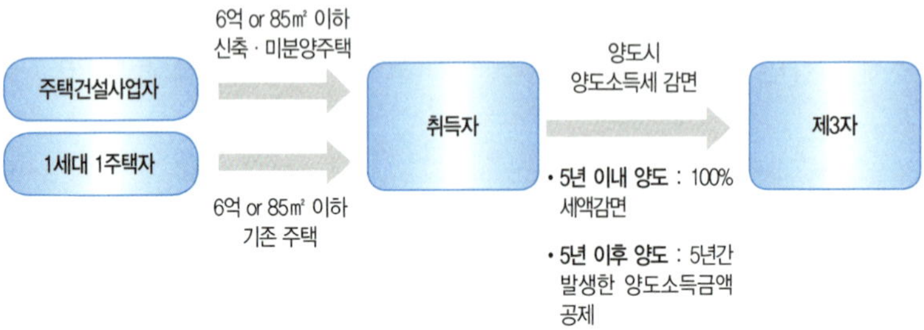

나성실 저희의 경우도 해당이 되나요?

회계사 네, 그렇습니다. 선생님의 경우,

① 거주자이고,

② 동탄 아파트는 2013.5.28.에 주택건설사업자와 최초로 분양계약을 체결하고 계약금을 납부한 후 취득한 신축주택이며,

③ 주택의 전용면적이 85㎡ 이하 또는 취득가액이 6억 원 이하이어야 하는데 주택의 전용면적이 59㎡이기도 하고, 취득가액 또한 2억 6천만원이므로 감면요건을 모두 충족하고 있습니다.

나성실 아, 그런 조항이 있었군요. 뭔가 취득할 때 혜택이 있었다고 안내받긴 했던 것 같은데, 요즘 다주택자는 세금을 하도 많이 내야 한다고 해서 저희도 그 혜택이 사라진 줄 알았어요. 그렇다면 감면 후 저희가 납부해야 할 세금은 얼마나 되나요?

회계사 선생님의 취득일은 잔금을 납부하고 소유권을 이전한 2017.10.25.인데요. 2022.8.22.에 양도한 경우 보유기간은 5년 이내 양도한 것이기 때문에 양도소득세의 100%가 감면되어 납부할 양도소득세는 없습니다.

다만, 감면이라는 것은 원래는 내야 할 세금을 깎아준 것이기 때문에 감면받은 세금이 있을 경우 세법에서는 감면세액의 20%를 농어촌특별세로 납부하도록 하고 있는데요.

선생님은 감면받은 양도소득세가 있으므로 농어촌특별세를 납부해야 하고, 이 농어촌특별세 금액은 19,744,000원입니다.

구 분	금액(원)
양도가액	600,000,000
(-) 취득가액	260,000,000
(-) 필요경비(ZERO로 가정)	-
(=) 양도차익	340,000,000
(-) 비과세양도차익	-
(-) 장기보유특별공제(8%)[*1]	27,200,000
(=) 양도소득금액	312,800,000
(-) 소득감면대상 소득금액	-
(-) 양도소득기본공제	2,500,000
(=) 과세표준	310,300,000
(×) 세율[*2]	40%
(-) 누진공제[*2]	25,400,000
(=) 양도소득세액	98,720,000
(-) 감면양도소득세액	98,720,000
(=) 감면후양도소득세액	-
(+) 지방소득세액(10%)	-
(+) 농어촌특별세(감면세액의 20%)[*3]	19,744,000
총납부세액	19,744,000

[*1] 조세특례제한법 제99조의2의 감면을 적용받는 주택은 양도소득세 중과대상주택이 아니므로 장기보유특별공제와 일반 기본세율을 적용받을 수 있음(참고 : 「소득세법 시행령」 제167조의3 제1항 제5호).

동탄 아파트의 경우 분양권을 구입한 것으로 2017.10.25. 잔금을 지급하고 소유권을 이전받았기 때문에 해당일이 취득일이 되어 양도하고자 하는 2022.8.22.까지 보유기간은 4년 이상 5년 미만으로 장기보유특별공제율은 8%가 적용됨.

[표1] 일반적인 경우 장기보유특별공제율

보유기간	3년 이상 4년 미만	4년 이상 5년 미만	5년 이상 6년 미만	6년 이상 7년 미만	7년 이상 8년 미만	8년 이상 9년 미만	9년 이상 10년 미만	10년 이상 11년 미만	11년 이상 12년 미만	12년 이상 13년 미만	13년 이상 14년 미만	14년 이상 15년 미만	15년 이상
공제율	6%	8%	10%	12%	14%	16%	18%	20%	22%	24%	26%	28%	30%

(*2) 양도소득세율

초과	미만	세율	누진공제
	1,200만 원	6%	–
1,200만 원	4,600만 원	15%	108만 원
4,600만 원	8,800만 원	24%	522만 원
8,800만 원	1억 5천만 원	35%	1,490만 원
1억 5천만 원	3억 원	38%	1,940만 원
3억 원	5억 원	40%	2,540만 원
5억 원	10억 원	42%	3,540만 원
10억 원		45%	6,540만 원

(*3) 98,720,000 × 20% = 19,744,000

나성실 어머, 세금이 약 1억 원에서 약 2천만 원으로 확 줄었네요. 얼마나 다행인지 모르겠어요. 그나저나, 제가 아는 분도 같은 아파트 조합원인데 이 사실을 알려주어야겠어요.

회계사 안타깝지만, 조합원입주권은 해당사항이 없습니다. 동 감면은 정책발표시 재건축 재개발 단지의 조합원은 해당되지 아니하고, 일반분양분만 해당하도록 했기 때문입니다. 또한, 본 감면의 경우 선생님의 매매계약서와 같이 관할시장 · 군수 · 구청장으로부터 신축주택 등 또는 감면대상기존주택임을 확인하는 날인이 있어야 감면신청이 가능합니다(참고: 「조세특례제한법 시행규칙」[별지 제63호의14서식] 신축주택등 또는 감면대상기존주택임을 확인하는 날인).

■ 참고 : 조세특례제한법 시행규칙 [별지 제63호의14서식] 〈신설 2013.5.〉

신축주택등 또는 감면대상기존주택임을 확인하는 날인

제 호

[ ] 「조세특례제한법 시행령」 제99조의2(신축주택 등 취득자에 대한 양도소득세 과세특례) 제1항 및 제2항에 따른 신축주택등 (신축주택 · 미분양주택 · 신축오피스텔 및 미분양오피스텔)

[ ] 「조세특례제한법 시행령」 제99조의2(신축주택 등 취득자에 대한 양도소득세 과세특례) 제3항 및 제5항에 따른 감면대상기존주택(1세대1주택자의 기존주택 및 1세대1오피스텔 소유자의 기존오피스텔)

임을 확인합니다.

년 월 일

시장 · 군수 · 구청장 직인

(담당자:)

(연락처:)

핵·심·포·인·트

「조세특례제한법」 제99조의2 신축주택 등의 취득자에 대한 양도소득세의 과세특례 요건

① 거주자가 2013.4.1.~2013.12.31. 기간 중 신축주택, 미분양주택 또는 1세대 1주택자로부터 주택을 취득했을 것

② 그 매매가액이 6억 원 이하이거나, 연면적(공동주택·오피스텔의 경우에는 전용면적)이 85㎡ 이하인 주택일 것

③ 양도소득세 감면신청시 신축주택 등 확인받아 납세지 관할 세무서장에게 제출할 것

「조세특례제한법」 제99조의2 신축주택 등의 취득자에 대한 양도소득세의 감면효과

구분	취득시기
취득일부터 5년 이내 양도시	양도소득세 100% 감면
취득일부터 5년 경과 후 양도시	취득일부터 5년간 발생한 양도소득금액 공제

25

조정대상지역 다주택자인데도 양도소득세 감면받을 수 있습니다.

I [조세특례제한법 제99조]

서울에 집이 여러 채 있다면 세금의 부담감이 높을 수 밖에 없는데요. 종합부동산세에 대한 부담감까지 과중된다면 주택의 매각을 한 번 더 고민해 보지 않을 수 없습니다.

그렇다면 주택을 매각하면서도 절세할 수 있다면 얼마나 좋을까요?

이번에는 재개발 재건축 주택을 매각하면서 절세할 수 있는 구체적 사례에 대해 살펴보도록 하겠습니다.

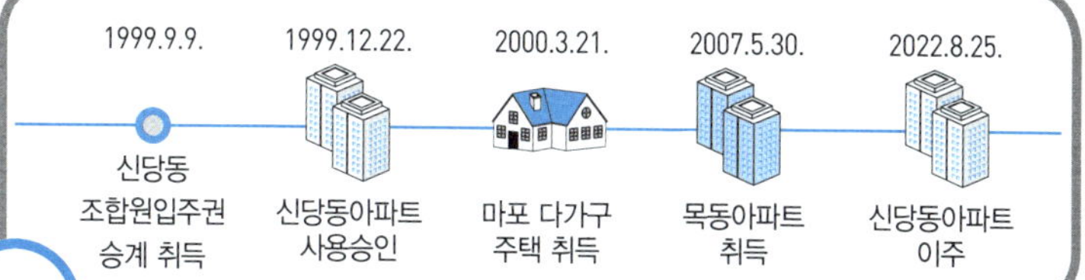

사례

65세 나성실씨.

나성실씨는 1세대 3주택자입니다. 현재 배우자와 함께 2007.5.30. 취득한 목동 소재 아파트에 거주하고 있는데요.

배우자는 2000.3.21. 취득한 마포 소재 다가구주택을 1채 소유하면서 임대를 주고 있으나, 지방자치단체에 임대사업자등록을 하지는 않았습니다.

또한, 나성실씨는 신당동 소재 면적 53㎡의 아파트를 1채 더 가지고 있는데, 동 아파트는 나성실씨가 1999.9.9. 재개발주택의 조합원입주권을 조합원으로부터 승계받아 2억 6천만 원에 취득하였으며, 재개발아파트의 사용승인일은 1999.12.22.입니다.

신당동 아파트 또한 임대주택으로 지방자치단체에 등록한 사실은 없습니다. 나성실씨는 신당동소재 아파트를 2022.8.22. 5억 원에 양도하였는데, 양도소득세는 얼마나 나올까요?

나성실 회계사님, 저희는 서울에 있는 주택만 3채인데요. 양도차익이 제일 적은 신당동 아파트를 팔려고 해요. 그런데, 3주택자면 세금 엄청 나온다고 해서 인터넷에서 양도소득세 계산해 봤는데요. 세상에 양도소득세가 1억 5천 6백만 원 나오는 거예요. 다행히 2023.5.9.까지 양도하면 중과세되지 않는다고 해서 보니 약 5천만 원 정도만 내면 되더라고요. 그래도 양도차익이 2억 4천만 원밖에 안되는데 세금이 많은 것 같아요.

구분	금액(원)
양도가액	500,000,000
(−) 취득가액	260,000,000
(−) 필요경비(ZERO로 가정)	−
(=) 양도차익	240,000,000
(−) 비과세양도차익	−
(−) 장기보유특별공제(15년 이상 30%)[*1]	72,000,000
(=) 양도소득금액	168,000,000
(−) 소득감면대상 소득금액	−
(−) 양도소득기본공제	2,500,000
(=) 과세표준	165,500,000
(×) 세율[*2]	38%
(−) 누진공제[*2]	19,400,000
(=) 양도소득세액	43,490,000
(−) 감면양도소득세액	−
(=) 감면후양도소득세액	43,490,000
(+) 지방소득세액(10%)	4,349,000
(+) 농어촌특별세(감면세액의 20%)	−
총납부세액	47,839,000

(*1) 다주택자가 보유기간이 2년 이상이고 조정대상지역에 소재하는 주택을 2022년 5월 10일부터 2023년 5월 9일까지의 기간 중 양도하는 경우 양도소득세 중과가 적용되지 아니하고, 장기보유특별공제도 적용함(참고 : 「소득세법 시행령」 제167조의3 제1항 제12의2호).

[표1] 일반적인 경우 장기보유특별공제율

보유기간	3년 이상 4년 미만	4년 이상 5년 미만	5년 이상 6년 미만	6년 이상 7년 미만	7년 이상 8년 미만	8년 이상 9년 미만	9년 이상 10년 미만	10년 이상 11년 미만	11년 이상 12년 미만	12년 이상 13년 미만	13년 이상 14년 미만	14년 이상 15년 미만	15년 이상
공제율	6%	8%	10%	12%	14%	16%	18%	20%	22%	24%	26%	28%	30%

(*2) 양도소득세율

초과	미만	세율	누진공제
	1,200만 원	6%	–
1,200만 원	4,600만 원	15%	108만 원
4,600만 원	8,800만 원	24%	522만 원
8,800만 원	1억 5천만 원	35%	1,490만 원
1억 5천만 원	3억 원	38%	1,940만 원
3억 원	5억 원	40%	2,540만 원
5억 원	10억 원	42%	3,540만 원
10억 원		45%	6,540만 원

회계사 네, 3주택자가 조정대상지역 내 주택을 파는 경우 장기보유특별공제도 적용이 되지 않고, 중과세율도 적용되면 세금이 많이 나오죠. 말씀하신 바와 같이 지금은 일시적이지만 3주택자라 하여도 장기보유특별공제도 적용되고 일반세율이 적용되니 다행이죠.

다만, 선생님의 경우는 상기 세금을 다 내셔야 할 것 같지는 않고 오히려 감면이 일부 적용되어 세금이 더 적게 나올 것 같은데요.

나성실 서울에 주택이 3개나 있는데 감면을 받을 수 있다고요? 가능한가요? 가능하다면 오래 보유해서 그런 건가요?

회계사 오래 보유하고 있었다고 하여 감면이 적용되는 것은 아니고요. 조세특례제한법에는 정책적 목적에 따라 특정 기간에 취득한 주택의 경우 양도소득세를 감면해 주는 규정이 있는데요.

신당동 아파트의 경우 건설경기를 활성화시키기 위해 세제혜택을 주었던 기간에 취득한 주택으로서 「조세특례제한법」 제99조의 감면요건을 충족하고 있네요.

나성실 「조세특례제한법」 제99조요? 그런 것이 있었어요? 감면 요건은 어떻게 되나요?

회계사 네, 아무래도 세제혜택이다 보니 내용이 복잡하기는 하나 설명을 잘 들으시면 이해가 되실 것입니다. 먼저, 조세특례제한법상의 감면요건을 설명드리고 다음으로 선생님의 감면요건 충족 여부를 설명해 드리도록 하겠습니다.

「조세특례제한법」 제99조에서는 고가주택이 아니라면 주택건설 사업자가 아닌 거주자가 일정기간 동안에 신축주택을 취득한 경우, 취득일로부터 5년 이내 양도할 경우에는 양도소득세를 전액 감면하고 5년이 지난 후에 양도하는 경우에는 5년간 발생하는 양도소득금액을 양도소득세 과세대상 소득금액에서 차감한다고 규정하고 있는데요.

이때, 신축주택이라 함은 아래의 주택을 말하는데요.

① 자기가 건설한 주택(「주택법」에 의한 주택조합 또는 「도시 및 주거환경정비법」에 의한 정비사업조합을 통하여 조합원이 취득하는 주택을 포함)으로서 1985.5.22.~1999.6.30.(국민주택의 경우 1999.12.31.까지) 사이에 사용승인 또는 사용검사(임시사용승인 포함)를 받은 주택

② 주택건설사업자 등으로부터 취득하는 다음의 주택. 다만, 매매계약일 현재 다른 자가 입주한 사실이 있거나 1985.5.22.~1999.6.30.(국민주택의 경우 1999.12.31.까지) 중 1998.5.21. 이전에 주택건설업자와 주택분양계약을 체결한 분양계약자가 당해 계약을 해제하고 분양계약자 또는 그 배우자(분양계약자 또는 그 배우자의 직계존비속 및 형제자매를 포함)가 당초 분양계약을 체결하였던 주택을 다시 분양받아 취득한 주택 또는 당해 주택건설업자로부터 당초 분양계약을 체결하였던 주택에 대체하여 다른 주택을 분양받아 취득한 주택을 제외함.

가. 1985.5.22.~1999.6.30.(국민주택의 경우 1999.12.31.까지) 내에 주택건설사업자와 최초로 매매계약을 체결하고 계약금을 납부하는 자가 취득하는 주택

나. 주택조합 등이 조합원에게 공급하고 남은 잔여주택으로써 1985.5.22.~1999.6.30.(국민주택의 경우 1999.12.31.까지) 내에 주택조합 등과 직접 매매계약을 체결하고 계약금을 납부한 자가 취득하는 주택

③ 조합원이 주택조합 등으로부터 취득하는 주택으로서 주택조합 등이 조합원 외의 자와 1985.5.22.~1999.6.30.(국민주택의 경우 1999.12.31.까지) 내에 잔여주택에 대한 매매계약을 직접 체결하여 계약금을 납부받은 사실이 있는 신축주택취득기간 경과 후에 사용승인 또는 사용검사를 받은 주택

다음으로는 선생님의 경우 상기 감면요건에 해당하는지 하나씩 설명드리도록 하겠는데요.

① 해당 감면을 받기 위해서는 주택건설사업자가 아닌 거주자여야 합니다. 이때의 거주자란 취득일 및 양도일 현재 국내에 거주하는 자를 말하는데(참고 : 재산-676, 2009.11.9.), 선생님의 경우 취득일과 양도일 모두 주택건설사업자가 아니며 국내에 주소를 두고 거주하였다고 하셨습니다.

▣ 재산세과-676, 2009.11.09

신축주택의 취득자에 대한 양도소득세의 감면 적용은 신축주택의 취득일 및 양도일 현재 거주자인 경우에만 적용되며 거주자와 비거주자의 판단은 「소득세법」 제1조에 의함

② 선생님은 조합원으로서 신당동 주택을 「도시 및 주거환경정비법」에 의한 정비사업조합을 통하여 취득하였습니다. 이때 조합원은 사용승인일 또는 사용검사일(임시사용승인일 포함) 현재의 조합원을 말하는데, 선생님은 승계조합원으로서 사용승인일 현재 조합원에 해당합니다(참고 : 서면인터넷방문상담4팀-1844, 2005.10.10.).

▣ 서면인터넷방문상담4팀-1844, 2005.10.10

신축주택 취득자에 대한 양도소득세 감면 적용시 조합원이라 함은 신축주택의 사용승인일 또는 사용검사일(임시사용승인 포함) 현재의 조합원을 말하는 것임.

③ 신축주택취득기간(1998.5.22.~ 1999.6.30. 국민주택의 경우 1999.12.31.까지)에 사용승인을 받았어야 하는데 신당동 주택은 53㎡로서 국민주택규모 이하이고, 1999.12.22.에 사용승인을 받았기 때문에 신축주택취득기간 내에 취득하였습니다.

④ 고가주택이 아니어야 합니다. 이때의 고가주택은 매매계약을 체결하고 계약금을 납부한 날 당시의 고급주택 규정을 적용하는데요(「조세특례제한법」 법률 제6762호(2002.12.11.) 부칙 제29조 제1항). 1999.11.30. 당시의 고급주택의 기준은 면적이 165㎡ 이상이고 거래 당시의 실지거래가액이 6억 원을 초과하는 것이었습니다. 신당동 주택은 면적이 53㎡이며, 실지거래가액이 5억 원으로 고가주택이 아닙니다.

나성실 그렇군요. 그렇다면 감면금액은 얼마나 되나요?

회계사 감면금액은 5년간 발생하는 양도소득금액을 양도소득세 과세대상 소득금액에서 차감하도록 하고 있는데요. 5년간 발생한 양도소득금액은 아래와 같이 계산합니다.

소득세법 제95조 제1항에 따라 계산한 양도소득금액 × [(신축주택 취득일로부터 5년이 되는 날의 기준시가 - 신축주택 취득 당시 기준시가)] / [(양도 당시 기준시가 - 신축주택 취득 당시 기준시가. 다만, 종전주택을 재개발 재건축하여 취득한 법 제98조의3 제2항 각 호에 따른 신축주택의 경우 종전주택 취득 당시 기준시가)]

* 새로운 기준시가가 고시되기 전에 취득 또는 양도하거나 취득일부터 5년이 되는 날이 도래하는 경우에는 직전의 기준시가를 적용함.

이때, 상기 산식의 분모에서 종전주택을 재개발 재건축하여 취득한 신축주택의 경우 종전주택 취득 당시 기준시가를 적용하도록 되어있는데요. 승계조합원의 경우 계산식상 분모의 양도 당시 기준시가에서 차감하는 기준시가는 신축주택 취득 당시 기준시가로 해석하고 있습니다(참고 : 사전-2017-법령해석재산-0879, 2018.08.27.).

▣ 사전-2017-법령해석재산-0879, 2018.08.27

승계조합원이 재개발 · 재건축으로 취득한 신축주택을 취득일부터 5년 경과 후 양도하는 경우 「조세특례제한법 시행령」 제99조 제1항 제2호의 감면소득금액 계산식상 분모의 양도 당시 기준시가에서 차감하는 기준시가는 신축주택 취득 당시 기준시가임.

신당동 아파트의 기준시가를 조회해 보니 취득당시는 115,500,000원이며, 취득일로부터 5년이 되는 날의 기준시가는 192,000,000원, 양도시 기준시가는 399,000,000원으로 조회되었는데요.

양도소득세 계산시, 「조세특례제한법」 제99조의 감면을 적용받는 주택은 중과대상주택이 아니므로 장기보유특별공제와 일반 기본세율을 적용받을 수 있습니다(참고 : 「소득세법 시행령」 제167조의 3 제1항 제5호).

구 분	금액(원)
양도가액	500,000,000
(−) 취득가액	260,000,000
(−) 필요경비(ZERO로 가정)	−
(=) 양도차익	240,000,000
(−) 비과세양도차익	−
(−) 장기보유특별공제(15년 이상 30%)(*1)	72,000,000
(=) 양도소득금액	168,000,000
(−) 소득감면대상 소득금액(*2)	45,333,333
(−) 양도소득기본공제	2,500,000
(=) 과세표준	120,166,667
(×) 세율(*3)	35%
(−) 누진공제(*3)	14,900,000
(=) 양도소득세액	27,158,333
(−) 감면양도소득세액	−
(=) 감면후양도소득세액	27,158,333
(+) 지방소득세액(10%)	2,715,833
(+) 농어촌특별세(감면세액의 20%)(*4)	3,266,333
총납부세액	33,140,500

(*1) 「조세특례제한법」 제99조의 감면을 적용받는 주택은 양도소득세 중과대상주택이 아니므로 장기보유특별공제를 적용함(참고 : 「소득세법 시행령」 제167조의3 제1항 제5호).

[표1] 일반적인 경우 장기보유특별공제율

보유기간	3년 이상 4년 미만	4년 이상 5년 미만	5년 이상 6년 미만	6년 이상 7년 미만	7년 이상 8년 미만	8년 이상 9년 미만	9년 이상 10년 미만	10년 이상 11년 미만	11년 이상 12년 미만	12년 이상 13년 미만	13년 이상 14년 미만	14년 이상 15년 미만	15년 이상
공제율	6%	8%	10%	12%	14%	16%	18%	20%	22%	24%	26%	28%	30%

(*2) 양도소득금액 168,000,000원×((취득일로부터 5년이 되는 날의 기준시가 192,000,000원-취득당시 기준시가 115,500,000원)÷(양도시 기준시가 399,000,000원-취득 당시 기준시가 115,500,000원))=45,333,333원

(*3) 양도소득세율

초과	미만	세율	누진공제
	1,200만 원	6%	-
1,200만 원	4,600만 원	15%	108만 원
4,600만 원	8,800만 원	24%	522만 원
8,800만 원	1억5천만 원	35%	1,490만 원
1억5천 만 원	3억 원	38%	1,940만 원
3억 원	5억 원	40%	2,540만 원
5억 원	10억 원	42%	3,540만 원
10억 원		45%	6,540만 원

(*4) ① 감면소득 차감 전 산출세액 : {(양도소득금액 168,000,000원 - 양도소득 기본공제 2,500,000원) × 세율 38% - 누진공제 19,400,000원} = 43,490,000원

② 감면소득 차감 후 산출세액 : {(양도소득금액 168,000,000원 - 소득감면대상 소득금액 45,333,333원 - 양도소득 기본공제 2,500,000원) × 세율 35% - 누진공제 14,900,000원} =27,158,333원

③ 감면받은 양도소득세 산출세액에 대한 농어촌특별세 : (① 감면소득 차감 전 산출세액 - ② 감면소득 차감 후 산출세액) × 20% = (43,490,000원 - 27,158,333원) × 20% = 3,266,333원

나성실 아, 이런 혜택이 있었군요. 세금이 약 5천만 원에서 3천 3백만 원으로 줄어들었네요. 이 사실을 몰랐다면 세금 다 낼 뻔했네요. 그렇다면, 회계사님 다른 유의할 사항은 없나요?

회계사 네, 해당 감면을 적용받기 위해서는 양도소득세 신고시 감면신청을 하여야 하는데요. 감면 신청시 첨부할 서류로는 건축물대장 등 사용승인일을 입증할 수 있는 서류가 필요합니다.

핵·심·포·인·트

「조세특례제한법」 제99조 신축주택 등의 취득자에 대한 양도소득세의 감면 요건

① 주택건설사업자가 아닌 거주자가 1985.5.22.~1999.6.30.(국민주택의 경우 1999.12.31.까지)에 신축주택을 취득했을 것

② 고가주택이 아닐 것

주의! 고가주택의 판단은 양도 당시가 아닌 매매계약을 체결하고 계약금을 납부할 당시의 고가주택 기준을 적용하고, 전용면적은 취득 당시의 주택건설촉진법 시행규칙에 따라 산정함(「조세특례제한법」 법률 제6762호(2002.12.11.) 부칙 제29조 제1항).

「조세특례제한법」 제99조 신축주택의 요건

① 자기가 건설한 주택(「주택법」에 의한 주택조합 또는 「도시 및 주거환경정비법」에 의한 정비사업조합을 통하여 조합원이 취득하는 주택을 포함)으로서 1985.5.22.~1999.6.30.(국민주택의 경우 1999.12.31.까지) 사이에 사용승인 또는 사용검사(임시사용승인 포함)를 받은 주택

② 주택건설사업자 등으로부터 취득하는 다음의 주택. 다만, 매매계약일 현재 다른 자가 입주한 사실이 있거나 1985.5.22.~1999.6.30.(국민주택의 경우 1999.12.31.까지)기간 중 1998.5.21. 이전에 주택건설업자와 주택분양계약을 체결한 분양계약자가 당해 계약을 해제하고 분양계약자 또는 그 배우자(분양계약자 또는 그 배우자의 직계존비속 및 형제자매를 포함)가 당초 분양계약을 체결하였던 주택을 다시 분양받아

취득한 주택 또는 당해 주택건설업자로부터 당초 분양계약을 체결하였던 주택에 대체하여 다른 주택을 분양받아 취득한 주택을 제외함.

1) 1985.5.22.~1999.6.30.(국민주택의 경우 1999.12.31.까지) 내에 주택건설사업자와 최초로 매매계약을 체결하고 계약금을 납부하는 자가 취득하는 주택

2) 주택조합 등이 조합원에게 공급하고 남은 잔여주택으로써 1985.5.22.~1999.6.30.(국민주택의 경우 1999.12.31.까지) 내에 주택조합 등과 직접 매매계약을 체결하고 계약금을 납부한 자가 취득하는 주택

3) 조합원이 주택조합 등으로부터 취득하는 주택으로서 주택조합 등이 조합원 외의 자와 1985.5.22.~1999.6.30.(국민주택의 경우 1999.12.31.까지) 내에 잔여주택에 대한 매매계약을 직접 체결하여 계약금을 납부받은 사실이 있는 신축주택취득기간 경과 후에 사용승인 또는 사용검사를 받은 주택

주의! 거주자가 최초로 조합과 매매계약을 체결하여야 하므로 개인으로부터 상속, 증여로 취득시 감면되지 않음.

「조세특례제한법」 제99조 신축주택 등의 취득자에 대한 양도소득세의 감면효과

구분	감면효과
취득일부터 5년 이내 양도시	양도소득세 100% 감면
취득일부터 5년 경과 후 양도시	취득일부터 5년간 발생한 양도소득금액 공제

26

조정대상지역 다주택자인데도 양도소득세 감면받을 수 있습니다.

II [조세특례제한법 제99조의3]

보유하고 있던 주택을 팔게 되면 판 가격과 산 가격의 차이에 대하여 양도소득세를 내야 하는데요. 이 가격의 차이가 크면 클수록 많은 세금을 내야 합니다.

따라서, 부동산을 팔 때도 잘 팔아야 하겠지만 살 때도 잘 사면 세금을 많이 절세할 수 있는데요.

분양권으로 산 주택을 매각하면서 절세할 수 있다면 어떨까요?

이번에는 분양권으로 산 주택을 매각하면서 절세할 수 있는 구체적 사례에 대해 살펴보도록 하겠습니다.

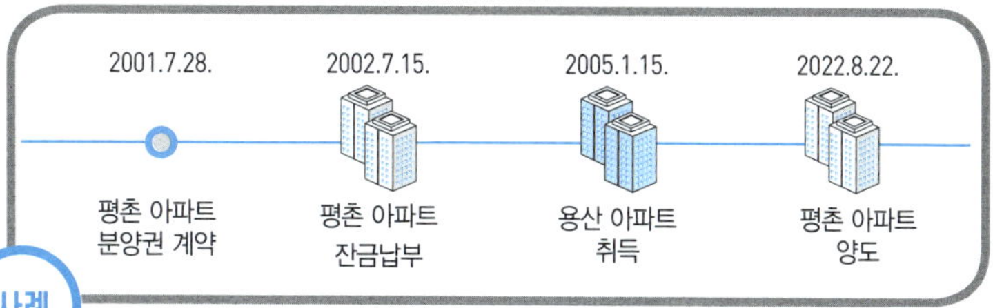

사례

60세 나성실씨는 1세대 2주택자입니다. 현재 배우자와 함께 2005.1.15. 취득한 용산 소재 아파트에서 거주하고 있습니다.

또한, 나성실씨는 경기도 안양시 동안구 평촌 소재 아파트를 1채 소유하면서 임대를 주고 있으나, 지방자치단체에 임대사업자등록을 하지는 않았습니다.

평촌 소재 아파트는 전용면적 59㎡이며 2001.7.28. 분양권을 취득하여 관련 계약금을 납부하였습니다. 잔금납부일은 2002.7.15.이었고, 분양가액은 2억 6천만 원이었습니다.

나성실씨는 평촌 소재 아파트를 2022.8.22. 6억 원에 양도하였는데, 양도소득세는 얼마나 나올까요?

나성실 회계사님, 저희는 조정대상지역 내에 있는 주택만 2채인데요. 평촌 아파트를 팔려고 해요. 그런데, 양도소득세가 7천 8백만 원이나 나온다고 하네요? 써야 할 돈이 있는데 세금이 너무 많이 나와서 팔지 못할 것 같아요. 그렇다고 대출받을 수 있는 곳도 없고 걱정이에요.

구 분	금 액(원)
양도가액	600,000,000
(−) 취득가액	260,000,000
(−) 필요경비(ZERO로 가정)	−
(=) 양도차익	340,000,000
(−) 비과세양도차익	−
(−) 장기보유특별공제(15년 이상 30%)[*1]	102,000,000
(=) 양도소득금액	238,000,000
(−) 소득감면대상 소득금액	−
(−) 양도소득기본공제	2,500,000
(=) 과세표준	235,500,000
(×) 세율(기본세율)[*2]	38%
(−) 누진공제[*2]	19,400,000
(=) 양도소득세액	70,090,000
(−) 감면양도소득세액	−
(=) 감면후양도소득세액	70,090,000
(+) 지방소득세액(10%)	7,009,000
(+) 농어촌특별세(감면세액의 20%)	−
총납부세액	77,099,000

[*1] 다주택자가 보유기간이 2년 이상이고 조정대상지역에 소재하는 주택을 2022년 5월 10일부터 2023년 5월 9일까지의 기간 중 양도하는 경우 양도소득세 중과가 적용되지 아니하고, 장기보유특별공제도 적용함(참고 : 「소득세법 시행령」 제167조의10 제1항 제12의2호).

[표1] 일반적인 경우 장기보유특별공제율

보유 기간	3년 이상 4년 미만	4년 이상 5년 미만	5년 이상 6년 미만	6년 이상 7년 미만	7년 이상 8년 미만	8년 이상 9년 미만	9년 이상 10년 미만	10년 이상 11년 미만	11년 이상 12년 미만	12년 이상 13년 미만	13년 이상 14년 미만	14년 이상 15년 미만	15년 이상
공제율	6%	8%	10%	12%	14%	16%	18%	20%	22%	24%	26%	28%	30%

(*2) 양도소득세율

초과	미만	세율	누진공제
	1,200만 원	6%	–
1,200만 원	4,600만 원	15%	108만 원
4,600만 원	8,800만 원	24%	522만 원
8,800만 원	1억 5천만 원	35%	1,490만 원
1억 5천만 원	3억 원	38%	1,940만 원
3억 원	5억 원	40%	2,540만 원
5억 원	10억 원	42%	3,540만 원
10억 원		45%	6,540만 원

회계사 네, 아무래도 2주택자가 조정대상지역 내 주택을 파는 경우 세금이 많이 나오는 것이 사실인데요.

선생님의 경우 계산된 세금을 다 내시지 않아도 될 것 같습니다.

나성실 네? 세금을 다 내지 않아도 된다고요? 세금을 적게 낼 수 있는 방법이 있나요?

회계사 네, 평촌 아파트는 「조세특례제한법」 제99조의3의 감면요건을 충족하고 있기 때문에 지금 계산하신 세금보다 적게 내실 수 있습니다.

나성실 「조세특례제한법」 제99조의3요? 그것이 어떤 것인가요?

회계사 네, 우선 「조세특례제한법」이라는 것은 소득세와 같은 국세 중 어떠한 정책적 목적을 달성시키기 위한 세제적 혜택을 줄 때 별도로 규정하고 있는 법률인데요. 겪어보셨겠지만 2000년경에는 외환위기 여파로 경기가 어려운 때였고, 경기를 부양할 필요가 있었는데요. 주택 경기의 부양을 목적으로 한시적으로 취득한 주택에 대하여 양도소득세를 깎아주는 혜택을 부여했었습니다. 세금을 깎아주는 것을 세법에서는 감면이라고 부릅니다.

나성실 그렇군요. 평촌 아파트의 경우가 감면요건에 해당하나요?

회계사 네, 그렇습니다. 선생님은 거주자로서 평촌에 소재한 신축주택을 2001.5.23.~2002.12.31.기간 내인 2001.7.28.에 주택건설사업자와 최초로 매매계약을 체결하고 계약금을 납부한 후 취득한 주택이기 때문입니다.

다만, 고가주택이 아니어야 하는데요.

지금의 고가주택은 주택의 가액이 12억 원을 초과하는 주택(2021.12.8. 이후 양도분부터 적용)을 의미하지만, 「조세특례제한법」 제99조의3에 적용되는 고가주택의 기준은 매매계약을 체결하고 계약금을 납부한 날 당시의 고가주택 규정을 적용하도록 하고 있습니다(「조세특례제한법」 법률 제6762호(2002.12.11.) 부칙 제29조 제1항).

선생님이 매매계약을 체결하고 계약금을 납부할 당시의 고가주택(참고로 당시 용어는 고급주택이었음)의 기준은 주택의 전용면적이 165㎡ 이상이고 거래 당시의 실지거래가액이 6억 원을 초과하는 것이었는데요. 평촌주택의 경우 면적은 165㎡ 이하이면서 거래가액도 6억 원이므로 고가주택에 해당하지 않습니다.

따라서, 감면주택에 해당합니다.

나성실 그렇군요. 그렇다면 얼마나 감면받을 수 있나요?

구 분	금 액(원)
양도가액	600,000,000
(−) 취득가액	260,000,000
(−) 필요경비(ZERO로 가정)	−
(=) 양도차익	340,000,000
(−) 비과세양도차익	−
(−) 장기보유특별공제(15년 이상 30%)(*1)	102,000,000
(=) 양도소득금액	238,000,000
(−) 감면대상 양도소득금액(*2)	155,149,425
(−) 양도소득기본공제	2,500,000
(=) 과세표준	80,350,575
(×) 세율(*3)	24%
(−) 누진공제(*3)	5,220,000
(=) 양도소득세액	14,064,138
(−) 감면양도소득세액	−
(=) 감면후양도소득세액	14,064,138
(+) 지방소득세액(10%)	1,406,413
(+) 농어촌특별세(감면세액의 20%)(*4)	11,205,172
총납부세액	26,675,723

(*1) 「조세특례제한법」 제99조의3에 따라 양도소득세가 감면되는 주택은 양도소득세 중과대상주택이 아니므로 장기보유특별공제를 적용함(참고 : 「소득세법 시행령」 제167조의3 제1항 제5호).

[표1] 일반적인 경우 장기보유특별공제율

보유 기간	3년 이상 4년 미만	4년 이상 5년 미만	5년 이상 6년 미만	6년 이상 7년 미만	7년 이상 8년 미만	8년 이상 9년 미만	9년 이상 10년 미만	10년 이상 11년 미만	11년 이상 12년 미만	12년 이상 13년 미만	13년 이상 14년 미만	14년 이상 15년 미만	15년 이상
공제율	6%	8%	10%	12%	14%	16%	18%	20%	22%	24%	26%	28%	30%

(*2) 양도소득금액 238,000,000원×((취득일로부터 5년이 되는 날 기준시가 314,000,000원－취득당시 기준시가 115,500,000원)÷(양도당시 기준시가 420,000,000원－취득당시 기준시가 115,500,000원))=155,149,425원

(*3) 양도소득세율

초과	미만	세율	누진공제
	1,200만 원	6%	–
1,200만 원	4,600만 원	15%	108만 원
4,600만 원	8,800만 원	24%	522만 원
8,800만 원	1억 5천만 원	35%	1,490만 원
1억 5천만 원	3억 원	38%	1,940만 원
3억 원	5억 원	40%	2,540만 원
5억 원	10억 원	42%	3,540만 원
10억 원		45%	6,540만 원

(*4) ① 감면소득 차감 전 산출세액 : {(양도소득금액 238,000,000원－양도소득기본공제 2,500,000원)×세율 38%－누진공제 19,400,000원}=70,090,000원

② 감면소득 차감 후 산출세액 : {(양도소득금액 238,000,000원－감면대상 양도소득금액155,149,425원－양도소득기본공제 2,500,000원)×세율 24%－누진공제 5,220,000원} =14,064,138원

③ 감면받은 양도소득세 산출세액에 대한 농어촌특별세 : (① 감면소득 차감 전 산출세액－② 감면소득 차감 후 산출세액) × 20% = (70,090,000원－14,064,138원)×20% =11,205,172원

회계사 선생님의 경우 취득일로부터 5년이 지난 후 양도하는 것이기 때문에, 감면금액은 5년간 발생하는 양도소득금액을 양도소득세 과세대상 소득금액에서 차감하여 계산하게 되는데, 5년간 발생한 양도소득금액은 아래와 같이 계산합니다.

소득세법 제95조 제1항에 따라 계산한 양도소득금액	×	(신축주택 취득일로부터 5년이 되는 날의 기준시가 - 신축주택 취득당시 기준시가) / (양도당시 기준시가 - 신축주택 취득당시 기준시가)

* 새로운 기준시가가 고시되기 전에 취득 또는 양도하거나 취득일부터 5년이 되는 날이 도래하는 경우에는 직전의 기준시가를 적용함.

평촌 아파트의 기준시가를 조회해 보니 취득당시는 115,500,000원이며, 취득일로부터 5년이 되는 날의 기준시가는 314,000,000원, 양도시 기준시가는 420,000,000원인데요. 해당 기준시가를 위의 계산식에 대입하여 감면대상 양도소득금액을 계산해 보면 155,149,425원이 나옵니다.

또한, 「조세특례제한법」 제99조의3 감면을 적용받는 주택은 양도소득세 중과대상주택이 아니므로 장기보유특별공제와 일반 기본세율을 적용받을 수 있습니다(「소득세법 시행령」 제167조의3 제1항 제5호).

따라서, 감면 후 납부하실 양도소득세는 농어촌특별세를 포함하여 26,675,723원입니다.

나성실 아, 이런 혜택이 있었군요. 세금이 7천 8백만 원에서 2천 7백만 원으로 줄어들었네요. 세금 차이가 엄청 나는군요. 믿어지지가 않아요. 회계사님 다른 유의할 사항은 없나요?

회계사 네, 해당 감면을 적용받기 위해서는 양도소득세 신고시 감면신청을 하여야 하는데요. 감면 신청시 첨부할 서류로는 취득시의 주택매매계약서(분양계약서)와 계약금을 납부한 사실을 입증할 수 있는 증빙서류가 필요합니다.

핵·심·포·인·트

「조세특례제한법」 제99조의3 신축주택의 취득자에 대한 양도소득세 과세특례 요건

① 거주자이어야 함.

② 신축주택은 아래와 같이 신축주택 취득기간별로 적용지역과 적용요건을 충족하여야 함.

신축주택 취득기간	적용지역	적용주택
2000.11.1.~2001.5.22.	수도권*1) 외의 지역	국민주택규모 이하 (고가주택 불문)
2001.5.23.~2002.12.31.	서울·과천·분당·일산·평촌·산본·중동	전국의 모든 주택 (고가주택 제외)
2001.5.23.~2003.6.30.	서울·과천·분당·일산·평촌·산본·중동을 제외한 지역	전국의 모든 주택 (고가주택 제외)

*1) 수도권(「조세특례제한법 시행령」(2003.1.1. 대통령령 제17829호로 개정되기 이전의 것) 별표 7)

가. 서울특별시

나. 인천광역시(강화군 및 옹진군을 제외한다)

다. 수원시·성남시·의정부시·부천시·안양시·광명시·안산시·과천시·구리시·오산시·군포시·의왕시·시흥시·하남시·남양주시·고양시·용인시(기흥읍·구성면·수지면·남사면에 한한다)·평택시(진위면 및 서탄면에 한한다)

라. 양주군 주내면·백석면·장흥면

마. 포천군 소흘읍

바. 화성군 태안읍·반월면·매송면·봉담면·정남면·동탄면

사. 김포군 김포읍·고촌면

③ 아래 중 어느 하나에 해당하는 신축주택(연면적 2배 이내의 부수토지 포함)일 것.

(가) 주택건설사업자로부터 취득한 신축주택으로서 신축주택취득기간 중에 주택건설업자와 최초로 매매계약을 체결하고 계약금을 납부한 자가 취득한 신축주택(주택조합 또는 정비사업조합을 통하여 취득하는 주택으로서 조합원에게 공급하고 남은 주택을 포함함). 다만, 매매계약일 현재 입주한 사실이 있거나 신축주택취득기간 중 2001.5.23. 전에 주택건설업자와 주택분양계약을 체결한 분양계약자가 당해 계약을 해제하고 분양계약자 또는 그 배우자(분양계약자 또는 그 배우자의 직계존비속 및 형제자매를 포함함)가 당초 분양계약을 체결하였던 주택을 다시 분양받아 취득한 주택 또는 당해 주택건설업자로부터 당초 분양계약을 체결하였던 주택에 대체하여 다른 주택을 분양받아 취득한 주택은 제외함. 다만, 「소득세법 시행규칙」 제71조 제3항에 의한 사유로 당해 주택건설업자로부터 다른 주택을 분양받아 취득하는 주택을 포함함.

(나) 자기가 건설한 신축주택(주택조합 또는 정비사업조합을 통하여 조합원이 취득하는 주택을 포함한다)으로서 신축주택취득기간에 사용승인 또는 사용검사(임시 사용승인 포함)를 받은 신축주택

「조세특례제한법」 제99조의3 신축주택의 취득자에 대한 양도소득세의 감면금액

양도기간	감면금액
신축주택의 취득일부터 5년 이내에 양도	신축주택의 취득일부터 양도일까지 발생한 양도소득금액을 양도소득세 과세대상 소득금액에서 차감
신축주택의 취득일부터 5년 후에 양도	신축주택의 취득일부터 5년간 발생한 양도소득금액을 양도소득세 과세대상 소득금액에서 차감

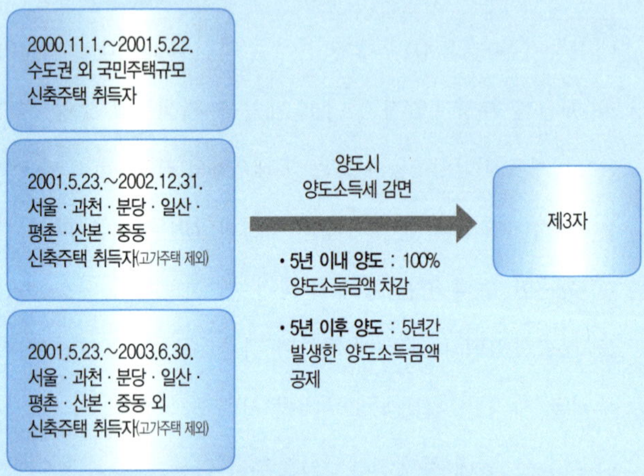

27

조정대상지역 다주택자인데도 양도소득세 감면받을 수 있습니다. Ⅲ [조세특례제한법 제97조의2]

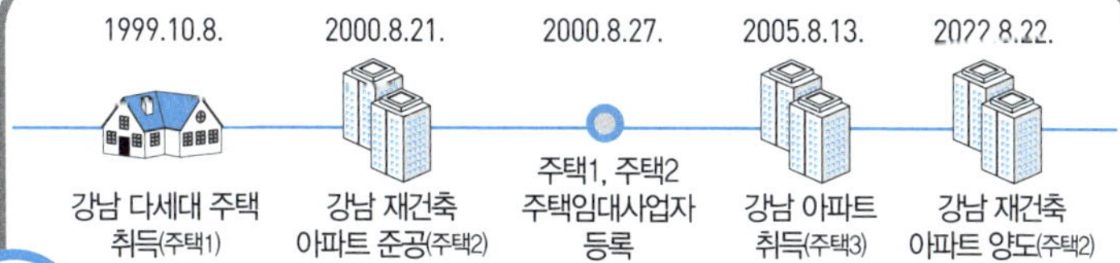

사례

55세 나성실씨.

나성실씨는 1세대 3주택자입니다. 3채 모두 강남에 소재하고 있는데요.

주택1은 1999.10.8. 매입한 다세대주택이며, 주택2는 2000.8.21. 재건축주택조합원으로서 전용면적 81㎡ 아파트를 받은 것이고, 주택3은 거주하고 있는 아파트로 2005.8.13. 매입하였습니다.

나성실씨는 거주주택을 제외한 나머지 2개의 주택을 2000.8.27. 구청 및 세무서에 주택임대사업자로 등록한 후, 현재까지 계속하여 임대를 주고 있으며, 현재 주택임대사업자는 자동말소 되었습니다.

나성실씨는 최근 종합부동산세의 가파른 인상으로 인하여 세금부담이 가중되자 주택2를 2022.8.22. 12억 원에 매각하셨는데요. 주택2의 취득에 소요된 비용은 총 4억 3천 9백만 원입니다. 나성실씨의 양도소득세는 얼마나 나올까요?

나성실 회계사님, 저희는 조정대상지역 내에 있는 주택만 3채인데요. 재건축으로 받은 아파트를 팔려고 해요. 다행히 주택임대사업자로 등록해서 10년 이상 임대했기 때문에 장기보유특별공제 70%를 적용받을 수 있어 세금이 좀 덜 나온다 하더라고요.

구 분	금 액(원)
양도가액	1,200,000,000
(−) 취득가액	439,000,000
(−) 필요경비(ZERO로 가정)	−
(=) 양도차익	761,000,000

구 분	금 액(원)
(−) 비과세양도차익	−
(−) 장기보유특별공제(10년 이상 70%)(*1)	532,700,000
(=) 양도소득금액	228,300,000
(−) 소득감면대상 소득금액	−
(−) 양도소득기본공제	2,500,000
(=) 과세표준	225,800,000
(×) 세율(기본세율)(*2)	38%
(−) 누진공제(*2)	19,400,000
(=) 양도소득세액	66,404,000
(−) 감면양도소득세액	−
(=) 감면후양도소득세액	66,404,000
(+) 지방소득세액(10%)	6,640,400
(+) 농어촌특별세(감면세액의 20%)	−
총납부세액	73,044,400

(*1) 「조세특례제한법」 제97조의3에 따른 장기일반민간임대주택의 임대기간이 10년 이상인 경우 장기보유특별공제율은 70%가 적용됨(참고 : 「조세특례제한법」 제97조의3 제1항).

(*2) 양도소득세율

초과	미만	세율	누진공제
	1,200만 원	6%	−
1,200만 원	4,600만 원	15%	108만 원
4,600만 원	8,800만 원	24%	522만 원
8,800만 원	1억 5천만 원	35%	1,490만 원
1억 5천만 원	3억 원	38%	1,940만 원
3억 원	5억 원	40%	2,540만 원
5억 원	10억 원	42%	3,540만 원
10억 원		45%	6,540만 원

회계사 네, 맞습니다.

하지만, 제가 내용을 더 살펴보니 세금을 지금보다 더 줄일 수 있을 것 같습니다.

나성실 네? 이것보다 세금을 더 적게 낼 수 있다고요? 어떻게요?

회계사 양도하고자 하는 주택이 「조세특례제한법」 제97조의2의 신축임대주택 감면요건도 충족하고 있기 때문인데요. 이 조항에 따라 감면을 받게 되면 양도소득세는 100% 감면 즉, 면제받아 한 푼도 납부하지 않고, 감면세액의 20%만 농어촌특별세로 납부하면 되기 때문입니다.

나성실 양도소득세를 100% 감면받을 수 있다고요? 어떤 내용인가요?

회계사 「조세특례제한법」 제97조의2의 내용은 거주자가 아래와 같이 취득요건과 임대요건을 모두 충족시키는 「민간임대주택에 관한 특별법」 또는 「공공주택 특별법」에 따른 건설임대주택 또는 매입임대주택을 양도하는 경우에는 양도소득세를 100% 감면해 준다는 것입니다.

<table>
<tr><th>구 분</th><th>취득요건</th><th>임대요건</th></tr>
<tr><td>건설임대주택</td><td>① 1999.8.20.~2001.12.31. 기간 중 신축된 주택
② 1999.8.19. 이전에 신축된 공동주택으로서 1999.8.20. 현재 입주된 사실이 없는 주택</td><td rowspan="2">① 국민주택(이에 딸린 해당 건물 연면적의 2배 이내의 토지 포함)일 것.
② 「민간임대주택에 관한 특별법」에 의하여 임대사업자로 등록할 것.
③ 1호 이상의 신축임대주택을 포함하여 2호 이상의 임대주택을 5년 이상 임대하고 당해 신축임대주택을 양도할 것.</td></tr>
<tr><td>매입임대주택</td><td>① 1999.8.20. 이후에 신축된 주택
② 1999.8.19. 이전에 신축된 공동주택으로서 1999.8.20. 현재 입주된 사실이 없는 주택 중 1999.8.20. 이후 취득(1999.8.20.~2001.12.31. 기간 중에 매매계약을 체결하고 계약금을 지급한 경우만 해당) 및 임대를 개시한 임대주택(취득 당시 입주된 사실이 없는 주택만 해당)</td></tr>
</table>

나성실 회계사님, 저는 주택을 임대사업자로 등록한 것은 맞지만 상기에서처럼 「민간임대주택에 관한 특별법」 또는 「공공주택 특별법」에 따른 임대주택을 건설한 것도 아니고 매입임대주택 요건에 해당하는 주택을 매입한 것도 아닌 것 같은데 혜택을 받을 수 있나요?

회계사 네, 선생님이 직접 임대를 목적으로 건설한 것은 아니지만, 「조세특례제한법」 제97조의2를 적용함에 있어 대법원에서는 재건축 조합원이 조합원용 건물을 취득하여 임대하는 경우 「민간임대주택에 관한 특별법」 제2조 제2호 가목의 건설임대주택으로 보는 것으로 해석하고 있습니다(참고 : 대법원2010두6427, 2010.8.19.).

▣ 대법2010두6427, 2010.8.19.

재건축조합 등의 조합원이 임대사업자로서 임대를 목적으로 조합원용 건물을 취득하는 경우에는 그 건물을 구 조세특례제한법 제97조의2의 건설임대주택으로 볼 수 있음.

따라서, 해당 해석에 기초하여 선생님의 감면요건을 판단해보면

① 선생님은 국내에 주소를 둔 거주자이고,

② 해당 주택은 「민간임대주택에 관한 특별법」에 의한 건설임대주택으로 1999.8.20.~2001.12.31. 기간 중에 신축된 주택이며,

③ 주택의 면적은 81㎡로 국민주택규모인 85㎡ 이하이고,

④ 「민간임대주택에 관한 특별법」에 의하여 임대사업자로 등록하였고,

⑤ 신축임대주택을 포함하여 2호 이상의 임대주택을 5년 이상 임대하고 있으며,

⑥ 양도하는 자산이 신축임대주택이기 때문에 감면요건을 모두 충족하고 있습니다.

나성실 그래요? 그렇다면 감면 후 납부할 세금은 얼마나 나오나요?

회계사 감면 후 납부하실 양도소득세는 농어촌특별세를 포함하여 37,456,800원입니다.

구 분	금 액(원)
양도가액	1,200,000,000
(−) 취득가액	439,000,000
(−) 필요경비(ZERO로 가정)	−
(=) 양도차익	761,000,000
(−) 비과세양도차익	−
(−) 장기보유특별공제(10년 이상 30%)(*1)	228,300,000
(=) 양도소득금액	532,700,000
(−) 소득감면대상 소득금액	−
(−) 양도소득기본공제	2,500,000
(=) 과세표준	530,200,000

구 분	금 액(원)
(×) 세율[*2]	42%
(−) 누진공제[*2]	35,400,000
(=) 양도소득세액	187,284,000
(−) 감면양도소득세액	187,284,000
(=) 감면후양도소득세액	−
(+) 지방소득세액(10%)	−
(+) 농어촌특별세(감면세액의 20%)[*3]	37,456,800
총납부세액	37,456,800

[*1] 「조세특례제한법」 제97조의2에 따라 양도소득세가 감면되는 주택은 양도소득세 중과대상 주택이 아니므로 장기보유특별공제를 적용함(참고 : 「소득세법 시행령」 제167조의3 제1항 제3호).

[표1] 일반적인 경우 장기보유특별공제율

보유기간	3년 이상 4년 미만	4년 이상 5년 미만	5년 이상 6년 미만	6년 이상 7년 미만	7년 이상 8년 미만	8년 이상 9년 미만	9년 이상 10년 미만	10년 이상 11년 미만	11년 이상 12년 미만	12년 이상 13년 미만	13년 이상 14년 미만	14년 이상 15년 미만	15년 이상
공제율	6%	8%	10%	12%	14%	16%	18%	20%	22%	24%	26%	28%	30%

(*2) 양도소득세율

초과	미만	세율	누진공제
	1,200만 원	6%	–
1,200만 원	4,600만 원	15%	108만 원
4,600만 원	8,800만 원	24%	522만 원
8,800만 원	1억 5천만 원	35%	1,490만 원
1억 5천만 원	3억 원	38%	1,940만 원
3억 원	5억 원	40%	2,540만 원
5억 원	10억 원	42%	3,540만 원
10억 원		45%	6,540만 원

(*3) 감면양도소득세액 187,284,000원 × 20% = 37,456,800원

나성실 아, 이런 혜택이 있었군요. 처음에는 양도차익이 7억 6천만 원이나 되어서 세금을 많이 낼까 잠도 못자고 걱정했었는데, 7천 3백만 원만 내면 된다고 해서 기뻤거든요. 그런데, 거기서도 3천 6백만 원이 줄어든 3천 7백만 원만 내면 된다고 하니 정말 너무 좋습니다. 그럼 제가 제출해야 될 서류가 무엇이 있을까요?

회계사 네, 해당 감면을 적용받기 위해서는 양도소득세 신고시 감면신청을 하여야 하는데요. 감면 신청시 첨부할 서류로는 구청에서 받은 임대사업자 등록증과 임대차계약서 사본, 주민등록 전입세대 열람내역이 필요합니다.

핵·심·포·인·트

「조세특례제한법」 제97조의2 신축임대주택(2호 이상)에 대한 양도소득세 감면 요건

구 분	취득요건	임대요건
건설임대주택	① 1999.8.20.~2001.12.31. 기간 중 신축된 주택 ② 1999.8.19. 이전에 신축된 공동주택으로서 1999.8.20. 현재 입주된 사실이 없는 주택	① 국민주택(이에 딸린 해당 건물 연면적의 2배 이내의 토지포함)일 것. ② 「민간임대주택에 관한 특별법」에 의하여 임대사업자로 등록할 것. ③ 1호 이상의 신축임대주택을 포함하여 2호 이상의 임대주택을 5년 이상 임대하고 당해 신축임대주택을 양도할 것.
매입임대주택	① 1999.8.20. 이후에 신축된 주택 ② 1999.8.19. 이전에 신축된 공동주택으로서 1999.8.20. 현재 입주된 사실이 없는 주택 중 1999.8.20. 이후 취득(1999.8.20.~2001.12.31. 기간 중에 매매계약을 체결하고 계약금을 지급한 경우만 해당) 및 임대를 개시한 임대주택(취득 당시 입주된 사실이 없는 주택만 해당)	

Tip! 재건축 조합원이 조합원용 건물을 취득하여 임대하는 경우 「민간임대주택에 관한 특별법」 제2조 제2호 가목의 건설임대주택으로 보는 것으로 해석되고 있음(대법원2010두6427, 2010.8.19.).

「조세특례제한법」 제97조의2 신축임대주택(2호 이상)에 대한 양도소득세의 감면효과

양도소득세 100% 감면

Tip! 감면대상 주택수 2호를 판정함에 있어 2호 모두 신축주택을 요건으로 하지 아니함. 따라서, 기존주택 1호와 신축주택 1호인 경우에도 2호 이상의 임대주택에 해당함.

28

조정대상지역 다주택자인데도 양도소득세 감면받을 수 있습니다. Ⅳ [조세특례제한법 제98조]

조정대상지역 내 다주택자인데도 양도소득세를 감면받을 수 있다면 얼마나 좋을까요? 처음에는 조정대상지역이 아니라서 다주택자 중과세는 남들 이야기라 생각했는데, 뜻하지 않게 하루아침에 내가 가지고 있는 주택이 조정대상지역으로 지정되면서 다주택자 중과세 이야기가 나의 이야기가 되지는 않으셨나요?

2022.7.5.기준 조정대상지역 현황은 아래와 같은데요. 조정대상지역의 지정이 광범위한 만큼 다주택자라면 안심할 수 없는 시기입니다. 하지만, 조정대상지역 다주택자이더라도 양도소득세 감면을 받을 수 있는 절세사례가 있는데요.

	조정대상지역(2022.7.5. 기준 101곳)
서울	전 지역('16.11.3)
경기	과천, 성남, 하남, 동탄2[주1)]('16.11.3), 광명('17.6.19), 구리, 안양동안, 광교지구[주2)]('18.8.28), 수원팔달, 용인수지·기흥('18.12.31), 수원영통 · 권선 · 장안, 안양만안, 의왕('20.2.21) 고양, 남양주[주3)], 화성[주4)], 군포, 부천, 안산[주5)], 시흥, 용인처인[주6)], 오산, 안성[주7)], 평택, 광주[주8)], 양주[주9)], 의정부('20.6.19) 김포[주10)]('20.11.20) 파주[주11)]('20.12.18) 동두천시('21.8.30)[주12)]
인천	중동[주13)], 미추홀, 연수, 남동, 부평, 계양, 서('20.6.19)
부산	해운대, 수영, 동래, 남, 연제('20.11.20) 서구, 동구, 영도구, 부산진구, 금정구, 북구, 강서구, 사상구, 사하구('20.12.18)
대구	수성('20.11.20)
광주	동구, 서구, 남구, 북구, 광산구('20.12.18)
대전	동, 중, 서, 유성, 대덕('20.6.19)
울산	중구, 남구('20.12.18)
세종	세종[주14)]('16.11.3)
충북	청주[주15)]('20.6.19)
충남	천안동남[주16)] · 서북[주17)], 논산[주18)], 공주[주19)]('20.12.18)
전북	전주완산 · 덕진('20.12.18)
경북	포항남[주20)]('20.12.18)
경남	창원성산('20.12.18)

주1) 화성시 반송동 · 석우동, 동탄면 금곡리 · 목리 · 방교리 · 산척리 · 송리 · 신리 · 영천리 · 오산리 · 장지리 · 중리 · 청계리 일원에 지정된 동탄2택지개발지구에 한함

주2) 수원시 영통구 이의동 · 원천동 · 하동 · 매탄동, 팔달구 우만동, 장안구 연무동, 용인시 수지구 상현동, 기흥구 영덕동 일원에 지정된 광교택지개발지구에 한함

주3) 화도읍, 수동면, 조안면 제외

주4) 서신면 제외

주5) 안산시 단원구 대부동동, 대부남동, 대부북동, 선감동, 풍도동 제외

주6) 포곡읍, 모현읍, 백암면, 양지면 및 원삼면 가재월리 · 사암리 · 미평리 · 좌항리 · 맹리 · 두창리 제외

주7) 일죽면, 죽산면, 삼죽면, 미양면, 대덕면, 양성면, 고삼면, 보개면, 서운면 , 금광면 제외

주8) 초월읍, 곤지암읍, 도척면, 퇴촌면, 남종면, 남한산성면 제외

주9) 백석읍, 남면, 광적면, 은현면 제외

주10) 통진읍, 대곶면, 월곶면, 하성면 제외

주11) 문산읍, 파주읍, 법원읍, 조리읍, 월롱면, 탄현면, 광탄면, 파평면, 적성면, 군내면, 장단면, 진동면, 진서면 제외

주12) 광암동, 걸산동, 안흥동, 상봉암동, 하봉암동, 탑동동 제외

주13) 을왕동, 남북동, 덕교동, 무의동 제외

주14) 건설교통부고시 제2006-418호(2006.10.13.)에 따라 지정된 행정중심복합도시 건설 예정지역으로, 「신행정수도 후속대책을 위한 연기 · 공주지역 행정중심복합도시 건설을 위한 특별법」 제15조 제1호에 따라 해제된 지역을 포함

주15) 낭성면, 미원면, 가덕면, 남일면, 문의면, 남이면, 현도면, 강내면, 옥산면, 내수읍, 북이면 제외

주16) 목천읍, 풍세면, 광덕면, 북면, 성남면, 수신면, 병천면, 동면 제외

주17) 성환읍, 성거읍, 직산읍, 입장면 제외

주18) 강경읍, 연무읍, 성동면, 광석면, 노성면, 상월면, 부적면, 연산면, 벌곡면, 양촌면, 가야곡면, 은진면, 채운면 제외

주19) 유구읍, 이인면, 탄천면, 계룡면, 반포면, 의당면, 정안면, 우성면, 사곡면, 신풍면 제외

주20) 구룡포읍, 연일읍, 오천읍, 대송면, 동해면, 장기면, 호미곶면 제외

2020.2.21.부터 조정대상지역으로 지정된 수원시 영통 소재 아파트의 사례를 통해 양도소득세 감면을 받을 수 있는 절세사례를 알아보도록 하겠습니다.

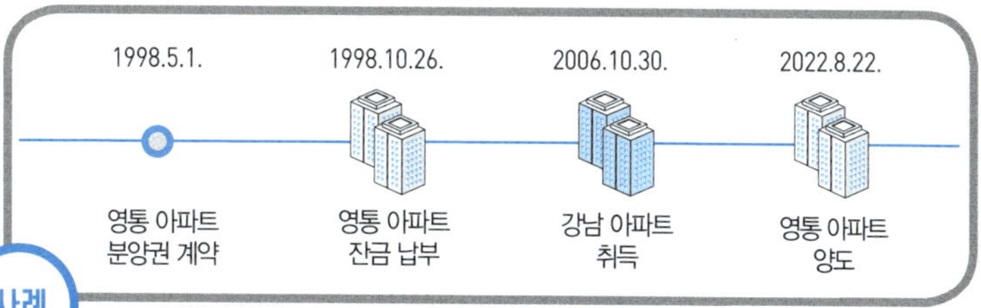

사례

58세 나성실씨.

나성실씨는 1세대 2주택자입니다. 현재 배우자와 함께 2006.10.30. 취득한 강남 소재 아파트에서 거주하고 있습니다.

또한, 나성실씨는 경기도 수원시 영통구 소재 아파트를 1채 소유하면서 임대를 주고 있으나, 지방자치단체에 임대사업자 등록을 하지는 않았습니다.

영통 소재 아파트는 전용면적 84㎡로 미분양아파트였으며, 1998.5.1. 분양권을 취득하여 관련 계약금을 납부하였는데요. 잔금납부일은 1998.10.26.이었고 분양가액은 4억 2천만 원이었으며, 집을 구입한 후 대출금 이자비용과 임대하면서 수리비 등 수익적지출로 지급한 돈은 5천만 원입니다.

나성실씨는 영통 소재 아파트를 2022.8.22. 8억 원에 양도하였는데, 양도소득세는 얼마나 나올까요?

나성실 회계사님, 저희는 조정대상지역 내에 있는 주택만 2채인데, 보유세도 너무 많이 올랐고 지금 팔면 다주택자도 중과세율 적용받지 않는다고 해서 영통 아파트를 매매하려고 하거든요. 그런데, 양도소득세가 8천 8백만 원이나 나온다고 하네요? 조정대상지역이 아니었기 때문에 양도시 세금에 대해서는 크게 관심을 두고 있지 않았었는데, 최근 가격도 많이 올라가서 그런지 세금이 이렇게 많이 나온다고 하니 다른 방법은 없는지 해서요.

구 분	금 액(원)
양도가액	800,000,000
(−) 취득가액	420,000,000
(−) 필요경비(ZERO로 가정)	−
(=) 양도차익	380,000,000
(−) 비과세양도차익	−
(−) 장기보유특별공제(15년 이상 30%)[*1]	114,000,000
(=) 양도소득금액	266,000,000
(−) 소득감면대상 소득금액	−
(−) 양도소득기본공제	2,500,000
(=) 과세표준	263,500,000
(×) 세율(기본세율)[*2]	38%
(−) 누진공제[*2]	19,400,000
(=) 양도소득세액	80,730,000
(−) 감면양도소득세액	−
(=) 감면후양도소득세액	80,730,000
(+) 지방소득세액(10%)	8,073,000
(+) 농어촌특별세(감면세액의 20%)	−
총납부세액	88,803,000

(*1) 다주택자가 보유기간이 2년 이상이고 조정대상지역에 소재하는 주택을 2022년 5월 10일부터 2023년 5월 9일까지의 기간 중 양도하는 경우 양도소득세 중과가 적용되지 아니하고, 장기보유특별공제도 적용함(참고 : 「소득세법 시행령」 제167조의10 제1항 제12의2호).

[표1] 일반적인 경우 장기보유특별공제율

보유기간	3년 이상 4년 미만	4년 이상 5년 미만	5년 이상 6년 미만	6년 이상 7년 미만	7년 이상 8년 미만	8년 이상 9년 미만	9년 이상 10년 미만	10년 이상 11년 미만	11년 이상 12년 미만	12년 이상 13년 미만	13년 이상 14년 미만	14년 이상 15년 미만	15년 이상
공제율	6%	8%	10%	12%	14%	16%	18%	20%	22%	24%	26%	28%	30%

(*2) 양도소득세율

초과	미만	세율	누진공제
	1,200만 원	6%	-
1,200만 원	4,600만 원	15%	108만 원
4,600만 원	8,800만 원	24%	522만 원
8,800만 원	1억 5천만 원	35%	1,490만 원
1억 5천만 원	3억 원	38%	1,940만 원
3억 원	5억 원	40%	2,540만 원
5억 원	10억 원	42%	3,540만 원
10억 원		45%	6,540만 원

회계사 일반적으로 조정대상지역 내 주택을 파는 경우 세금이 많이 나오는 것이 사실인데요. 선생님의 경우에는 계산된 세금을 다 내시지 않아도 될 것 같습니다.

나성실 세금을 다 내지 않아도 된다고요? 세금을 줄일 수 있는 방법이 있나요?

회계사 네, 있습니다.

영통 아파트를 살펴보니 「조세특례제한법」 제98조의 과세특례요건을 충족하고 있어 양도소득세를 줄일 수 있습니다.

나성실 「조세특례제한법」 제98조요? 「조세특례제한법」이란 무엇인가요?

회계사 네, 「조세특례제한법」이란 양도소득세를 규정하고 있는 소득세와 같은 국세 중 특정한 정책적 목적을 달성시키기 위하여 세제혜택을 주고자 할 때 별도로 규정하고 있는 법률인데요. 선생님이 영통 아파트를 취득하셨을 시기에는 미분양 아파트의 해소를 위해 정부가 세제지원을 했을 때이기 때문에 세제혜택을 받을 수 있습니다.

나성실 그렇군요. 세제혜택을 받을 수 있는 요건은 어떻게 되나요?

회계사 「조세특례제한법」 제98조의 미분양주택에 해당하면 거주자는 양도소득세율 20%와 종합소득세의 계산방법 중 하나를 선택하여 적용받을 수 있는데요.

「조세특례제한법」 제98조에서 규정한 요건은 다음과 같습니다.

① 국내에 주소 또는 거소를 둔 거주자이어야 합니다.

② 양도하는 주택이 아래의 요건을 모두 충족하는 미분양주택이어야 합니다.

가. 서울특별시외 지역에 소재한 국민주택일 것

나. 「주택법」에 의하여 사업계획승인을 얻어 건설하는 주택으로서 당해 주택의 소재지를 관할하는 시장 · 군수 또는 구청장이 1995.10.31.(「조세특례제한법」 제98조 제3항의 경우 1998.2.28.) 현재 미분양주택임을 확인한 주택일 것

다. 주택건설사업자로부터 최초로 분양받은 주택으로서 당해 주택이 완공된 후 다른 자가 입주한 사실이 없는 주택일 것

③ 1995.10.31. 현재 미분양주택을 1995.11.1.~1997.12.31.에 취득(1997.12.31.까지 매매계약을 체결하고 계약금을 납부한 경우를 포함함)하였거나 1998.2.28. 현재 미분양주택을 1998.3.1.~1998.12.31.에 취득(1998.12.31.까지 매매계약을 체결하고 계약금을 납부한 경우를 포함함)하였어야 합니다.

④ 미분양주택을 5년 이상 보유 · 임대한 후에 양도하여야 합니다.

나성실 제 경우도 상기 요건에 해당하는 것인가요? 저는 미분양주택 확인서 이런 것은 가지고 있지 않는데요.

회계사 네, 선생님의 요건을 살펴보면,

선생님은 국내에 주소를 둔 거주자이고, 영통아파트는 경기도 수원시에 소재한 84㎡ 주택으로서 서울특별시 외 지역에 소재한 국민주택입니다. 또한, 미분양아파트이고, 당해 아파트를 최초로 분양받은 것으로서 당해 아파트가 완공된 후 다른 자가 입주한 사실이 없다고 하였고, 1998.2.28. 현재 미분양주택으로서 1998.3.1.~1998.12.31. 중인 1998.10.26.에 취득하였으며 현재 취득일로부터 5년 이상 보유 · 임대한 후에 양도하는 것으로서 기본적 요건을 충족하고 있습니다.

다만, 미분양아파트임을 입증하기 위한 방법으로 상기 요건 ②의 나) 「주택법」에 의하여 사업계획승인을 얻어 건설하는 주택으로서 당해 주택의 소재지를 관할하는 시장 · 군수 또는 구청장이 1998.2.28. 현재 미분양주택임을 확인한 주택이어야 하는데, 선생님의 경우 관할 시장으로부터 확인받은 확인서는 없고, 분양계약서상 미분양주택임이 표시되어 있습니다.

이때, 법령의 요건으로 명시된 관할 시장·군수 또는 구청장의 미분양주택 확인서를 제출하지 못한다고 하여 미분양주택으로 인정하지 아니할 것이 아니라, 등기부등본 등에 의해 사실상의 미분양주택임이 확인된다면 「조세특례제한법」 제98조의 미분양주택이 아니라고 보기 어렵다고 해석(참고 : 심사양도 2004-7099, 2005.3.9.)하고 있는 바, 선생님의 경우에도 미분양주택으로서 인정받으실 수 있다고 사료됩니다.

▣ 심사양도 2004-7099, 2005.3.9.

등기부등본 등에 의해 사실상의 미분양주택임이 확인되므로, 단지 관할 군수의 미분양주택 확인서를 제출하지 못한다 하여 미분양주택이 아니라고 보기는 어렵다 할 것이나, 청구인의 경우에는 동 주택을 분양받기 전에 전세로 입주하였다가 분양받은 것이어서, 이는 분양 전에 다른 자가 입주한 사실이 있는 주택으로 보아야 할 것이므로 조세특례제한법 제98조(미분양주택에 대한 과세특례)규정을 적용할 수 없는 것임

나성실 그렇군요. 그렇다면 납부해야 할 양도소득세는 얼마나 되나요?

회계사 선생님의 경우, 앞서서 말씀드린 바와 같이 양도소득세율 20%와 종합소득세의 계산방법 중 하나를 선택하여 적용받을 수 있는데요. 「조세특례제한법」 제98조의 감면을 적용받는 주택은 소득세법상 중과대상주택이 아니므로 장기보유특별공제를 적용받을 수 있습니다(참고 : 「소득세법 시행령」 제167조의3 제1항 제3호).

따라서, 두 방식을 비교해 보면, 양도소득세의 방식으로 계산할 경우 장기보유특별공제 30%(보유기간 1998.10.26.~2022.8.22. 15년 이상임)를 적용받아 양도차익에서 1억 1천 4백만 원을 공제받을 수 있는 반면, 종합소득세의 방식으로 계산하게 되면 비용으로 공제받을 수 있는 지출은 5천만 원이기 때문에 장기보유특별공제를 적용받아 양도소득세율 20%로 납부하는 방법이 더 유리한데요. 이렇게 해서 계산된 양도소득세는 5,797만 원입니다.

구 분	금액(원)
양도가액	800,000,000
(–) 취득가액	420,000,000
(–) 필요경비(ZERO로 가정)	–
(=) 양도차익	380,000,000
(–) 비과세양도차익	–
(–) 장기보유특별공제(15년 이상 30%)(*1)	114,000,000
(=) 양도소득금액	266,000,000
(–) 소득감면대상 소득금액	–
(–) 양도소득기본공제	2,500,000
(=) 과세표준	263,500,000
(×) 세율	20%
(–) 누진공제	–
(=) 양도소득세액(*2)	52,700,000
(–) 감면양도소득세액	
(=) 감면후양도소득세액	52,700,000
(+) 지방소득세액(10%)	5,270,000
(+) 농어촌특별세(감면세액의 20%)	–
총납부세액	57,970,000

(*1) 「조세특례제한법」 제98조에 따라 양도소득세가 감면되는 주택은 양도소득세 중과대상주택이 아니므로 장기보유특별공제를 적용함(참고 : 「소득세법 시행령」 제167조의3 제1항 제3호).

[표1] 일반적인 경우 장기보유특별공제율

보유기간	3년 이상 4년 미만	4년 이상 5년 미만	5년 이상 6년 미만	6년 이상 7년 미만	7년 이상 8년 미만	8년 이상 9년 미만	9년 이상 10년 미만	10년 이상 11년 미만	11년 이상 12년 미만	12년 이상 13년 미만	13년 이상 14년 미만	14년 이상 15년 미만	15년 이상
공제율	6%	8%	10%	12%	14%	16%	18%	20%	22%	24%	26%	28%	30%

(*2) 과세표준 263,500,000원 × 20% = 52,700,000원

나성실 와, 세금이 더 줄어들었네요. 감사합니다.

핵·심·포·인·트

「조세특례제한법」 제98조 미분양주택에 대한 과세특례적용요건

① 거주자일 것

② 양도하는 주택이 아래의 요건을 모두 충족하는 미분양주택일 것

가) 서울특별시외 지역에 소재한 국민주택일 것

나)「주택법」에 의하여 사업계획승인을 얻어 건설하는 주택으로서 당해 주택의 소재지를 관할하는 시장·군수 또는 구청장이 1995.10.31.(「조세특례제한법」 제98조 제3항의 경우 1998.2.28.) 현재 미분양주택임을 확인한 주택일 것

다) 주택건설사업자로부터 최초로 분양받은 주택으로서 당해 주택이 완공된 후 다른 자가 입주한 사실이 없는 주택일 것

③ 1995.10.31. 현재 미분양주택을 1995.11.1.~1997.12.31.에 취득(1997.12.31.까지 매매계약을 체결하고 계약금을 납부한 경우를 포함함)하였거나 1998.2.28. 현재 미분양주택을 1998.3.1.~1998.12.31.에 취득(1998.12.31.까지 매매계약을 체결하고 계약금을 납부한 경우를 포함함)했을 것

④ 미분양주택을 5년 이상 보유·임대한 후에 양도할 것

「조세특례제한법」 제98조 미분양주택에 대한 과세특례 효과

양도소득세율 20%와 종합소득세의 계산방법 중 하나를 선택하여 적용

저자 약력

저자 **이윤실** 공인회계사

부동산세무전문가로서 부동산업계에서 왕성하게 활동 중인 공인회계사, 세무사, 공인중개사이자 국토교통부에 등록된 부동산자산운용전문인력 및 부동산개발전문인력이다.

상지회계법인에서 파트너 회계사로 근무하고 있으며, 한국부동산개발협회 부동산 세무강사, 한국부동산원(구 한국감정원) 자율주택정비사업 자문위원, 지방자치단체에서 정비사업 외부전문위원을 맡고 있다. 2021년에는 국세와 관련하여 국세청장의 표창을 수상하고, 지방세와 관련하여 행정안전부장관의 표창도 동시 수상하였다.

2001년 공인회계사시험에 합격하여 KPMG삼정회계법인에서 외국계투자기업에 대한 회계감사, 세무업무 및 컨설팅업무를 6년 동안 수행한 후 2007년 부동산투자운용회사로 이직하여 1,000억 원이 넘는 부동산물건들에 대한 투자 및 운영에 관한 리스크를 분석하고 관리했다.

그 뒤로 현재까지 15년이 흘렀고, 이제는 부동산세무전문가로서 부동산업계에서 이름이 거론되고 있다. 한국공인회계사회가 추천한 부동산 세금 전문가로 SBS CNBC 〈경제와이드 이슈&〉 프로그램의 세금 상담 코너 '절세미남 절세미녀'에 출연했으며, 국토교통부 승인을 받은 부동산전문인력배출을 위한 법정교육과정에서 생생한 부동산 세금 강의를 하고 있다. 조선일보 '땅집고'와 한국공인회계사회 '생활 속 세금 질문'에서 부동산 세금과 관련된 절세정보를 일반인들도 쉽게 알 수 있도록 연재하고 있다.

똑똑한 재개발 재건축 절세법

저　　자　**이윤실**

발 행 인　**서동혁**

편집 · 교정　**류현수, 김영림, 박가온**

편집디자인　**이인아, 이은희, 황자애**

발 행 처　**㈜조세통람**

펴 낸 날　**2022년 10월 5일 초판 발행　2022년 12월 23일 초판 2쇄 발행**

주　　소　서울특별시 중구 동호로 14길 5-6(신당동)

등　　록　1976. 11. 5. 제9-81호

대표전화　02) 2231-7027

F A X　02) 2231-7994

구입문의　02) 2231-7027~9

I S B N　979-11-6064-245-2　13320

정　　가　18,000원

(주)조세통람은 좋은 책을 만들기 위해 독자 여러분의 의견을 기다립니다.

• 독자 의견 및 도서 문의 메일 : josetop@inaus.co.kr